붉은 독수리의 꿈
궁예

역사를 바꾼 인물·인물을 키운 역사

붉은 독수리의 꿈
궁예

역사·인물 편찬 위원회 엮음

역사디딤돌

머리말

 궁예의 아버지는 제47대 헌안왕(혹은 제48대 경문왕이라고도 함)이었다. 후궁의 몸에서 태어났는데, 5월 5일 단옷날에 태어난 데다 태어날 때부터 이가 나 있다는 이유로 버림을 받아야 했다.

 그는 유모의 도움으로 가까스로 목숨을 구하고 숨어 지내다 자신의 출생 비밀을 알게 된 후에 세달사로 들어갔다. 궁예가 절로 들어간 것은 불가에 몸을 담기 위해서가 아니었다. 신분이 밝혀져 목숨이 위태로워질 것을 두려워한 때문이었다.

 신라 제51대 진성여왕 무렵, 나라 사정은 한 치 앞을 내다 볼 수 없을 지경으로 혼란스러웠다. 조정은 오랜 정쟁으로 제 구실을 못하고 있었고, 왕의 권위는 땅바닥으로 떨어져 있었다. 백성은 오랜 가뭄으로 굶주림에 허덕여야 했고, 나라에서는 세금이 걷히지 않아 창고가 텅 빌 지경에 이르렀다. 왕족의 사치와 향락은 극에 달해 있었고 굶주림에 허덕이던 많은 백성은 귀족의 노비로 전락하거나 도적이 되고는 했다. 조정이 아무 힘도 쓸 수 없는 지경에 이르자 곳곳에서 민란이 일어나고 도적이 벌 떼처럼 일어났다. 그리고 뒤이어 호족들이 군대를 일으켜 세력을 형성하였다.

궁예가 승려 신분을 버리고 반란군 대열에 합류한 것은 진성여왕 5년(891)이었다. 궁예는 자신의 능력을 인정하지 않은 기훤을 떠나 양길의 부하가 되어, 많은 군사를 이끌고 다니며 전투마다 승리를 거두었다.

그 후에 독자 세력을 구축하여 송악에 도읍을 정하고 후고구려를 세웠다. 그리고 꾸준히 땅을 넓혀가며 큰 세력으로 성장하고 있던 후백제의 견훤과 세력을 다투었다. 궁예는 왕건의 도움을 받아 금성(나주) 지역을 확보함으로써 해상무역권까지 손에 쥐었다. 하지만 스스로를 미륵불이라 칭하며 많은 사람을 죽임으로써 호족들과 갈등이 생기기 시작했다.

그 무렵은 신라뿐만이 아니라 당나라도 패망의 징조를 보이고 있었다. 이극용의 반란으로 전국이 소용돌이 속으로 빠져 들어가고 있었고, 907년에 주온이 애제를 폐하고 스스로 황제 자리에 올랐다. 그렇게 당나라가 몰락하였고, 5대 10국 시대가 열렸다.

당나라가 망하고 당나라에 유학 가 있던 인재들이 한반도로 돌아오자, 궁예는 서둘러 그 인재들을 모아 개혁 정책을 시도하기도 했다. 하지만 중앙집권 정책은 호족들의 반발을 불러왔고, 호족들은 서로 힘을 모아 조직적으로 궁예와 맞섰다.

그런 와중에 왕창근의 거울 사건을 계기로 궁예와 왕건 사이에 불화가 생겼고, 결국 918년 6월에 왕건에게 왕위를 빼앗기고 도망치다 숨을 거두었다.

　궁예는 형세 판단이 빠르며 모든 일을 슬기롭게 처리하는 능력을 지니고 있었다. 하지만 때로 모나고 급한 행동으로 결국 몰락에 이르게 되었다.

　우리는 궁예를 통해 민심을 잃은 왕의 최후가 어떤지를 잘 알 수 있을 것이다.

붉은 독수리의 꿈 궁예

차

례

신라 왕실을 뒤덮은 그림자…12

김계명의 숨겨진 야망…33

애꾸눈 궁예…46

꺼져가는 신라의 촛불…60

진성여왕의 폭정과 신라의 운명…73

반란군이 된 궁예…90

왕건의 등장과 견훤의 세력…102

궁예의 야망과 호족들의 반감…118

미륵불을 꿈꾸는 궁예…133

궁예의 최후와 왕건의 새로운 시대 …165

붉은 독수리의 꿈
-궁예-

철원 일대에 후고구려를 세운 왕

(?~918) 재위 기간 : 901~918

궁예는 신라 제47대 헌안왕 또는 제48대 경문왕의 아들이라 전한다. 궁예가 태어날 당시 신라의 왕실은 왕권을 놓고 치열한 다툼을 벌였고, 전국에서 민란과 반란이 끊이지 않았다. 궁예는 왕위 다툼에서 밀려나 자신을 죽이려는 사람들을 피해 유모의 손에서 자라다가 세달사에 들어가 승려가 되어 학문과 무술을 닦았다.

궁예는 야망을 펼치기 위해 절에서 나와 891년 죽주(경기도 안성시 죽산면)에서 세력을 뻗치고 있던 기훤에게 의탁했다가 나중에는 양길의 부하가 되었다. 자신감을 얻은 궁예는 894년 명주(강릉)와 철원을 빼앗은 후 양길과 손을 끊고 독립했다. 고구려계의 호족 출신인 왕건을 발탁하여 영토를 넓혀나갔다. 말년에는 스스로를 미륵 부처라 하고 부인과 두 아들을 죽이는 등 포악한 정치를 계속하다 왕건 세력에게 축출당하고 말았다.

신라 왕실을 뒤덮은 그림자

836년 12월에 신라 제42대 흥덕왕이 후계자를 정하지 못한 채 세상을 떠나자, 신라 조정은 왕위 계승 다툼으로 한바탕 회오리바람이 불어닥쳤다.

"돌아가신 왕의 사촌 동생인 내가 왕위에 오르는 것이 마땅하지 않은가!"

흥덕왕의 사촌인 김균정이 왕위를 차지하려고 하자, 흥덕왕의 조카인 김제륭이 반발을 하며 나선다.

"무슨 소리! 나는 선왕의 조카요! 나야말로 왕위에 오를 자격이 충분하지 않겠소!"

당시 시중 자리에 있던 사람은 김명이었고, 아찬은 이홍이었다. 이 두 사람과 배훤백은 김제륭을 밀어주었고, 김우징(균정의 아들)과 예징(균정의 매제), 김양 등은 김균정을 받들고 있었다.

두 세력은 흥덕왕의 죽음이 임박해오자 앞 다투어 군대를 이끌고 대궐로 들어갔는데, 대궐을 먼저 차지한 쪽은 김양과 김균정의 군사였다.

"대궐의 모든 문을 닫아걸고 적들의 침입을 막도록 해라!"

"반드시 왕위를 차지해야 된다! 모두들 목숨을 걸고 왕위를 지켜라!"

두 세력의 싸움은 치열했고, 그러는 동안 김양은 배훤백이 쏜 화살을 맞아 크게 부상을 당한다.

"안 되겠다! 모두 싸움을 포기하고 후퇴하라!"

김양이 화살에 맞아 부상을 입자 김균정이 탈출을 재촉했다.

"그대의 충성심을 내 어찌 잊겠는가. 그러나 저쪽은 군사가 많고 우리는 적으니 저들을 이길 수 없을 것이오. 그

4월 초파일의 연등 행사
경(經)과 논(論)에 석가모니가 태어난 날을 기원전 563년 2월 8일 또는 4월 8일로 적고 있으나, 자월(子月:지금의 음력 11월)을 정월(1월)로 치던 때의 4월 8일은 곧 인월(寅月:지금의 정월)로 바꾸면 2월 8일에 해당하므로 음력 2월 8일이 맞다고 한다. 그러나 불교의 종주국인 인도 등지에서는 예로부터 음력 4월 8일을 석가의 탄일로 기념하여 왔다.

대는 서둘러 대궐을 탈출하여 훗날을 위한 준비를 하도록 하시오. 내가 왕이 되지 못할지라도 그대의 도움만 있다면 내 아들 우징은 반드시 임금 자리에 오를 수 있을 것이오."

 김양과 김우징은 간신히 달아났지만, 김균정은 반대파에 의해 죽고 말았다.

 싸움이 끝난 뒤 조정을 장악한 김제륭이 임금 자리에 올랐으니, 그가 바로 신라 제43대 희강왕이다.

 "과인의 즉위에 큰 공을 세운 김명을 상대등에 임명하고 아찬 이홍을 시중에 임명하노라!"

희강왕은 앞장서서 자신을 도와준 김명과 이홍에게 엄청난 권력을 상으로 내렸다.

 한편, 간신히 목숨을 건진 김우징은 백성들에게 희강왕이 왕위를 찬탈했다고 알리고 다녔다.

 "왕위를 물려받은 나의 아버지께서 김제륭에게 살해당했다! 이 사실을 신라의 모든 백성이 알아야 마땅하지 않은가! 백성들이여, 임금의 자리를 빼앗은 왕을 따를 것인가!"

 김우징이 백성들에게 반역을 부추기고 다닌다는 소문은 이내 궁궐에도 들어갔고, 김명과 이홍은 김우징을 잡으려고 온 힘을 기울였다.

 "흥, 내가 쉽사리 네 놈들 손에 잡힐 것 같으냐! 오늘의 이 분함을 반드시 갚고야 말겠다! 네 놈들이 찬탈한 왕의 자리는 반드시 되찾을 테다!"

 조정에서 김우징을 쫓자, 목숨의 위태로움을 느낀 김우징은 가족과 자신을 따르는 사람들을 데리고 청해진(지금의 완도)으로 들어갔다.

당시 청해진에서는 장보고가 해상권을 거머쥐고 있었다. 장보고는 당나라 해적들을 물리치고 중국과 일본 사이에서 무역을 통해 얻은 막대한 자금과 함께 사병 1만 명을 거느릴 정도로 세력이 막강했다.

김우징이 장보고를 찾아간 것은 믿는 구석이 있어서였다. 지난날 김우징은 당나라에서 돌아온 장보고가 청해진에 해상 왕국을 세우고 사병 1만 명을 거느리면서, 조정의 간섭을 받지 않고 해상 무역을 할 수 있도록 도와주었다.

"장보고한테 김우징을 내놓으라고 해본들 아무 소용이 없다니! 김우징을 살려두어서는 안 되는데 장보고가 그 놈을 보호하고 있으니 어찌해 볼 도리가 없구나!"

김명 등은 발을 굴렀지만 장보고의 군사력을 당해낼 재간이 없었다.

『삼국사기』에는 그 일을 두고 이렇게 기록해 놓았다.

'김우징은 화가 미칠까 두려워 처자와 함께 황산진구로 달아난 다음 배를 타고 가서 청해진 대사 궁복(장보고)에게 의지하였다.'

'6월에는 김균정의 매부인 아찬 김예징이 아찬 김양순과 더불어 도망하여 우징에게로 왔다.'
 기록으로 보아 청해진은 희강왕과 혈투를 벌였던 김균정 세력의 망명지가 되고 만 셈이다.

 김우징이 청해진으로 피신한 일은 또 다시 피비린내 나는 왕권 다툼을 불러일으키는 계기가 되었다.
 "능력 없는 인물을 임금 자리에 앉혀 놓으면 우리가 죽게 된다. 청해진의 장보고가 김우징을 보호하고 있는 한 언젠가는 우리가 김우징에게 당하고 말 것이다. 희강왕을 몰아내고 우리가 청해진은 물론이고 조정을 장악해야겠다!"

이번에는 희강왕을 왕위에 앉히는 데 가장 큰 공을 세웠던 김명과 이홍이 반란을 일으켰던 것이다.

이 소식을 들은 희강왕은 김명과 이홍의 역모가 전혀 믿겨지지 않았다.

"무엇이라! 상대등 김명과 시중 이홍이 반란을 일으켰다고? 두 사람은 나를 임금이 되게 한 충신 아니던가! 그런 두 사람이 반란을 일으켰다니 도무지 믿을 수가 없구나!"

김명과 이홍은 희강왕의 측근들을 모조리 죽여 없앴고, 두려움에 빠진 희강왕은 죽음을 예감하고 궁중에서 목을 매 자살하고 말았다.

『삼국사기』에는 희강왕의 죽음을 이렇게 기록해 놓았다.

'상대등 김명과 시중 이홍 등은 군사를 일으켜 난리를 꾸며 왕의 좌우를 살해하였다. 그러자 왕은 능히 목숨을 보전하지 못할 것을 알고 이내 궁중에서 목을 매어 죽었다. 소산에 장사지내고 시호를 희강이라 하였다.'

"반드시 아버지의 원수를 갚고 말겠다! 네 놈들 손에서 언젠가는 반드시 임금 자리를 빼앗고 말 것이다!"

희강왕의 죽음을 지켜본 둘째아들 김계명*은 반드시 왕위를 되찾을 것을 다짐했다.

희강왕을 제거한 뒤 김명이 임금 자리에 오르니, 그가 신라 제44대 민애왕이다.

김명이 왕위에 올랐다는 소식이 전해지자 그동안 산속으로 들어가 기회를 엿보던 김양이 군사를 모집하여 청해진에 있는 김우징을 찾아갔다.

"김명은 아버지를 죽이고 김제륭을 임금의 자리에 앉히더니, 이번에는 자신이 왕위에 앉힌 임금을 자살하게 하고 스스로 왕의 자리에 앉았습니다. 김명과 이홍은 권력을 위해 살육을 일삼는 자이며 아버지의 원수입니다. 원컨대 장군의 군사를 빌려 원수를 갚게 해주십시오."

> 김계명은 통일 신라 시대 재상 겸 희강왕의 아들이며 경문왕의 아버지다. 838년 희강왕이 민애왕에게 살해되어 왕위 계승을 하지 못하였으며, 848년(문성왕 2) 파진찬의 관등으로 위흔의 뒤를 이어 시중이 되어, 861년 경문왕(김계명의 아들)이 즉위할 때까지 13년간 재직하였다. 이후 통일 신라 왕통은 효공왕까지 그의 자손 5명에 의해 계승되고, 마지막 왕 경순왕도 김계명의 4대손이 된다.

김양에게 사실을 전해들은 김우징은 장보고를 만나 간곡하게 부탁했다.

"옛말에 정의를 보고도 실천하지 않는 자는 용기가 없는 자라 했습니다. 내 비록 부족한 사람이지만 기꺼이 도와드리겠습니다!"

장보고는 친구인 정년을 불러 당부했다.

"군사 5천 명을 줄 것이니 서라벌로 달려가 괴수들을 없애주게. 자네가 아니면 이 어지러운 정세를 바로잡지 못할 것이네."

장보고의 군사는 그해 12월에 청해진을 떠나 서라벌로 향했는데, 김양이 평동장군으로 임명되어 염장(훗날 장보고를 죽인 인물), 장변, 정년, 낙금, 장건영, 이순행 등을 이끌었다.

"장보고의 군사들이 서라벌을 향해 달려오고 있다고? 염려했던대로 올 것이 오고야 말았구나!"

반란 소식을 들은 민애왕은 서둘러 대감 김민주에게 군

사 3천 명을 주어 장보고의 군대를 막도록 했다. 정부군과 장보고 군대는 무주의 철야현에서 맞붙어 싸웠다.

"별 볼일 없는 관군에게 당할 우리가 아니다! 우리는 바다를 지키고 신라를 지키던 용맹스러운 군사들이다!"

마애삼존불
경주시 남산의 북쪽 구릉에 있는 화강암 암벽에 새겨진 통일 신라 시대의 불상.

장보고의 군사들은 김민주가 이끄는 관군을 모두 없애고 승리의 기세를 몰아 서라벌로 나아갔다.

"이찬 대흔과 대아찬 윤린과 의훈은 군사를 이끌고 달려가 반역자들의 목을 베어오도록 하라!"

정부군과 청해진 군대는 달구벌(대구)에서 다시 격돌했고, 그 싸움에서도 장보고의 군대는 정부군의 절반을 죽이고 서라벌로 쳐들어갔다.

"왕을 지키다가 우리가 죽겠구나! 어서 도망치자!"

민애왕을 보호하던 측근들이 잔뜩 겁을 먹고 흩어지자, 민애왕은 혼자서 월유택으로 도주하여 몸을 숨겼다.

"궁궐을 샅샅이 뒤져 왕을 찾아라!"

"왕은 결코 멀리 가지 못했다. 대궐 안을 샅샅이 뒤져 왕을 찾아내라!"

청해진의 군사들은 궁궐을 이 잡듯 뒤진 끝에, 결국 숨어 있던 민애왕을 찾아내어 그 자리에서 살해하고 말았다.

궁궐을 장악한 김양은 큰 소리로 외쳤다.

"이 싸움은 본래 원수를 갚기 위한 것이었다. 이제 그 괴수가 죽었으니 궁궐에서 일을 하는 자나 의관과 궁녀, 그리고 백성 모두는 각자 안심하고 생업에 종사할 것이며 이번 일에 대해 함부로 입을 놀리는 자는 엄벌에 처한다!"

김양은 궁궐을 평정시킨 뒤에 포로 중에서 배훤백을 찾아냈다.

배훤백은 지난날 왕위 쟁탈전에서 김양에게 화살을 쏘아 부상을 입힌 사람이었다.

"배훤백은 들으라. 어떤 개든 제 주인이 아니면 우선 짖고 보는 법이다. 네가 네 주인을 위하여 나에게 활을 쏘아 맞혔으니 너는 할 바를 충실히 한 의사요, 용사였다. 내가 그것을 탓하지는 않을 것이니 두려워하지 말라!"

김양의 말을 듣고 두려움에 떨던 많은 사람이 그때서야 마음을 놓았다.

"자신을 쏘아 맞혔던 배훤백에게도 저렇게 대하니 다른 사람들이야 무엇을 근심하겠어?"

"원수를 너그러이 용서하는 사람이니 지난 일 때문에 죄 없는 사람을 죽이거나 벌주는 일은 없을 거야."

사람들은 마음을 놓고 김양의 명령에 따라 움직였다.

"왕궁을 깨끗이 정리하고 시중 김우징을 새로운 대왕으로 모시도록 하라!"

그렇게 해서 김우징은 장보고와 김양의 도움을 받아 왕

의 자리에 오를 수 있었으며, 그가 바로 신라 제45대 신무왕이다.

　신무왕은 왕위에 오른 뒤, 제일 먼저 장보고를 챙겼다.

　"청해진 대사 장보고가 이번 혼란을 수습하여 왕실을 바로 잡는 데 큰 공을 세웠다. 따라서 과인은 장보고를 감의군사로 임명하고 식읍(일정한 지역에서 세금을 받을 수 있는 권한) 2천 호를 하사하겠다!"

　신무왕은 가까스로 임금 자리에 올랐지만 마음 한 구석에 큰 걱정거리가 한 가지 있었다.

　"민애왕의 오른팔이었던 이홍을 아직 체포하지 못했다. 반드시 이홍을 찾아내어 처형해야만 뒤탈이 없을 것이야!"

　신무왕은 이홍을 체포하라는 명을 내렸고, 이홍은 숲 속에 숨어 있다가 이내 붙잡혀서 그 자리에서 살해당했다.

　"이제야 마음 놓고 나라를 돌볼 수 있겠군. 이홍을 없앴으니 무슨 근심 걱정이 있단 말인가."

신무왕은 안도의 한숨을 내쉬었으나 그것도 잠깐이었다. 어느 날, 신무왕은 잠을 자다가 꿈속에서 죽은 이홍과 만났다.

"민애왕을 죽이고 왕위를 찬탈한 너를 하늘이 용서할 것 같으냐! 네가 보낸 군사 손에 내가 억울한 죽음을 당했으니 너 또한 내가 쏜 화살을 맞고 죽게 될 것이다!"

꿈속에서 이홍은 화살을 날렸고, 그 화살은 신무왕의 등을 정확하게 맞혔다.

그 뒤, 놀랍게도 신무왕의 등에 종기가 나더니 차츰 온몸으로 퍼져나가기 시작했다.

"아, 꿈에 이홍이 저주를 퍼부으며 쏘았던 화살이 나를 죽이는구나."

결국 신무왕은 왕위에 오른 지 석 달 만에 세상을 뜨고 말았다.

『삼국사기』〈신라본기〉에는 그 일을 이렇게 기록해 놓았다.

서해 대교
경기도 평택시 포승면 내기리에서 시작하여 충청남도 당진군 송악면 복운리를 연결하는 다리로 총길이 7,310m, 도로폭 31.4m이며 총연장 353㎞의 서해안고속도로 구간 중 경기도 평택시와 충청남도 당진군을 잇는 다리다.

'신무왕은 병환으로 누웠다가 꿈에 이홍이 쏜 화살을 등에 맞았는데, 깨어보니 등창이 났다. 이로 인하여 7월 13일에 돌아가시므로 시호는 신무라 하고 제형산에 장사지냈다.'

신무왕의 뒤를 이어 그 아들이 제46대 문성왕이 되었다. 문성왕은 다른 왕들과 달리 아무 탈없이 왕위에 오를 수 있었다. 그것은 장보고의 막강한 힘이 버티고 있었기 때문에 가능한 일이었다.

"청해진 대사 장보고는 일찍이 군사를 거느리고 과인의 아버지 신무대왕을 도와 도적 무리들을 쳐서 없앴으니 어찌 그 공로를 잊겠는가. 이제 과인은 교서를 내려 장보고를 진해 장군으로 임명하고 특별히 장복(임금이 내리는 특별한 옷)을 하사하겠노라!"

문성왕이 권력을 지키기 위해서는 충분한 자금과 군사력을 가진 장보고의 힘이 반드시 필요했다.

"장보고라는 든든한 배경을 두었으니 이제부터는 왕권의 안정을 꾀할 수 있게 되었구나."

장보고 또한 누구에게도 간섭받지 않고 활동하려면 문성왕의 후원이 무엇보다 중요했으므로 둘의 관계는 더욱 끈끈해질 수밖에 없었다.

"나를 신임하는 임금을 두었으니 이제부터는 마음 놓고 청해진을 중심으로 한 군사 활동과 국제 무역 활동을 이어

갈 수 있게 되었다!"

어느 정도가 나라가 안정권에 들어서자, 문성왕은 재위 4년 3월에 시중 김양의 딸을 왕비로 맞이했다.

『삼국사기』 신라본기에는 그 일을 이렇게 기록해 놓았다.
'문성왕 4년 3월에 왕은 아찬 위흔의 딸을 맞아들여 왕비로 삼았다.'
그런데 〈열전편〉의 '김양전'을 보면 이런 기록이 있다.
'김양의 자(字)는 위흔이며 태종대왕의 9세손이다.'

김양이 문성왕의 아버지인 김우징을 왕으로 옹립하는 데 결정적인 역할을 한 일등공신이었기 때문에, 문성왕은 그 보답으로 김양의 딸을 왕비로 맞이했던 것이다.

"진해 장군(장보고)의 여식도 왕비로 삼겠노라."

문성왕은 김양 못지않게 큰 공을 세운 장보고의 딸도 왕비로 맞이하려고 했다.

그런데 조정 대신들이 벌 떼처럼 일어나 반대를 하고 나섰다. 그 중에서도 딸을 왕비로 앉힌 김양의 반대가 가장 심했다.

"한 나라의 국모가 될 사람은 그 근본이 훌륭한 사람이어야 합니다. 하나라의 우왕은 도산씨를 얻어서 흥성하였고, 은나라의 탕왕은 신씨를 얻어 번창하였으며, 주나라 유왕은 포사라는 여자를 얻어 멸망하였으며, 진나라는 여희로 인하여 혼란에 빠졌습니다. 나라가 망하고 흥함은 여기에 달려 있는 것이니 어찌 신중하지 않을 수 있겠습니까. 장보고는 한낮 바닷사람인데 그의 딸을 어떻게 왕실의 배필로 정할 수 있겠습니까?"

"왕비는 왕족이나 최고 귀족의 딸로 정하는 것이 옳습니다. 그런데 지방 서민의 딸을 왕비로 맞이하겠다는 것은 있을 수 없는 일입니다."

신라 사회는 철저하게 신분을 중요시하는 골품제를 기반으로 운영되던 사회였다. 장보고는 귀족도 아니었고, 서울 사람도 아닌 일개 지방을 다스리는 신분에 불과했다. 그런데도 군대의 진영을 장악하고 조정에까지 힘을 발휘하고 있는 것을 못마땅하게 여긴 귀족들이 김양을 중심으로 해서 적극적으로 반대했을 것으로 추측된다.

딸이 왕비로 간택되는 것이 불가능해지자 서울에 머물던 장보고는 몹시 화를 내고 청해진으로 돌아가고 말았다.
"장보고가 군대를 이끌고 도성으로 달려오지 않을까 염려되는구나."
문성왕은 장보고의 군사력을 누구보다 잘 알고 있었다. 문성왕의 고민을 해결해준 사람은 염장이었다.
"대왕께서 저를 믿고 보내주신다면 장보고의 목을 베어 오도록 하겠습니다."
"수단 방법을 가리지 말고 장보고를 없애도록 하라!"
문성왕은 염장에게 무슨 수를 쓰든 장보고를 꼭 죽이고

오라는 명령을 내렸다.

　비밀 명령을 받고 청해진으로 들어간 염장은 장보고에게 부하가 되기 위해 찾아왔노라고 거짓말을 했다.

　"그대는 힘이 장사이고, 용맹이 뛰어난 장수인데 그대 같은 장수가 내 부하가 되었으니 천하를 얻은들 이보다 더 기쁘겠는가."

　장보고는 문성왕의 신하가 문성왕을 배반했다는 사실에 무척 기뻐하며 아무런 의심 없이 염장을 위해 잔치를 베풀었다. 잔치가 무르익고 장보고가 술에 취하자 염장은 때를 놓치지 않고 단칼에 장보고의 목을 쳤다.

　하지만 장보고를 없애고 왕실과 나라의 안정을 꾀하려던 문성왕의 바람과는 달리 그 후 나라는 큰 혼란에 휩싸이고 말았다.

　당나라 해적을 물리치고 18년간 평화롭게 유지되어 왔던 청해진이 무너지자 해상 무역이 혼란에 빠지면서 경제적으로 엄청난 피해가 발생했다.

그뿐만이 아니었다. 장보고를 지지하던 양순과 홍종이 반란을 일으켰다. 두 사람은 문성왕의 정치적인 기둥 역할을 했었기 때문에 정국은 한층 더 혼란으로 치달을 수밖에 없었다.

김계명의 숨겨진 야망

 가까스로 양순과 흥종의 반란을 평정한 문성왕은 장인인 위흔을 시중으로 삼아서 혼란스러운 정국을 바로잡으려 했다.

 "위흔(김양)을 시중으로 삼아 나라의 안정을 꾀하겠노라!"

 그리고 이듬해인 848년에는 다시 위흔을 병부령으로 임명하고, 김계명(훗날 48대 경문왕의 아버지)을 시중 자리에 앉혔다.

 "이제 믿을 사람이 아무도 없구려. 공이 과인의 오른팔이 되어 이 나라를 안정되게 이끌도록 도와주시오."

 "부족한 저를 시중에 임명하시니 성심을 다해 모실 것입니다."

김계명은 자신의 아버지였던 희강왕이 반란의 세력들 때문에 죽지 않았다면 자신이 왕위에 오를 수 있었

의 좋은 형제 상(충남 예산)
부모에 대한 효성이 지극한 이성만과 이순 형제의 행적을 기리기 위하여, 1418년(세종 1) 지신사 하연의 주청에 따라 1497년(연산군 3)에 세워졌다.

다고 여겼다. 그러나 절대 속내를 드러내지 않았다 .

'나는 결코 무력으로 왕위를 찬탈하는 짓은 하지 않겠다. 반드시 평화적으로 왕위를 되찾을 것이다! 언젠가는 희강대왕의 자손이 신라 왕실을 차지하게 할 것이다!'

측근의 반란으로 힘을 잃은 문성왕은 위흔과 김계명에게 많은 것을 의지했으며, 그들이 끝가지 자신을 지켜주기를 바랐다.

'이제 사람이 무섭구나. 두 사람마저 나를 배신한다면

그보다 더 무서운 일은 없을 것이다. 무사히 왕위를 지켜 태자에게 임금 자리를 넘겨주려면 무엇보다 두 사람의 도움이 절실하다.'

그런데 문성왕 재위 10년(849)에 또다시 장보고의 세력이었던 이찬 김식과 대흔이 반란을 일으켰다.

"대왕마마, 김의정을 상대등으로 임명하여 이 난국을 헤쳐 나가도록 하십시오."

김계명은 문성왕의 숙부인 김의정(훗날 47대 헌안왕)을 적극 추천했고, 문성왕은 김계명의 추천대로 김의정을 상대등*에 앉혔다.

"상대등께서는 누구 공으로 그 자리에 오를 수 있었는지를 잘 알고 계시지요?"

"알다마다요. 우리 둘이서 손을 잡는다면 어떤 세력도 함부로 덤비지 못할 것입니다."

> 상대등은 신라 17관계를 초월하여 설정한 최고 관직으로, 국사를 관장하고 귀족·백관회의인 화백을 주재하며 귀족연합의 대변자이기도 하였다. 이 중앙 귀족회의에서 가결된 것은 왕에게 상주되어 그 재가를 얻어 실행되었으나, 실제적으로는 왕권에 대한 제약적 성격을 지니고 있었다.

김계명과 김의정은 각자 나름대로의 이익을 위해 정치적 동맹 관계를 맺었다.

그런데 잦은 반란으로 불안한 나날을 보내던 문성왕 앞에 또다시 뜻하지 않은 일이 일어났다. 852년 11월에 태자가 느닷없이 죽고 말았다.

'다음의 임금 자리는 반드시 김의정이 차지해야 된다. 그래야 내가 계획한 일이 순조롭게 풀릴 수 있다.'

김계명은 그 기회를 놓치지 않고 김의정을 찾아갔다.

"상대등께서는 다음 임금 자리에 뜻이 있으십니까?"

"시중께서 도와주시면 못할 것도 없지요."

"제 힘으로 공께서 다음 임금 자리에 앉게 된다면 무슨 보답을 해주시겠습니까?"

"내게는 딸이 둘 있으니 그대의 아들 응렴(훗날 경문왕)과 혼인하여 사돈을 맺는다면 누이 좋고 매부 좋은 일 아니겠소?"

"그것만으로는 부족하지요. 만약에 공의 아들이 태어나

지 않는다면 내 아들 응렴이 임금 자리를 잇게 해주셔야 됩니다."

"아들이 태어난다면 지킬 수 없는 약속 아니오?"

"그렇습니다. 만일 그렇게 된다면 당연히 공의 아들이 왕위를 이어야 되겠지요. 그러기에 만약이라고 하지 않았습니까."

"그렇게 하도록 합시다."

두 사람은 굳게 다짐을 했다.

한편, 태자를 잃은 슬픔으로 마음의 병을 얻은 문성왕은 857년 9월에 병석에 누워 일어나지 못했다. 그리고 마지막 유언을 남겼다.

"과인이 미미한 자질로 높은 자리에 처하여 위로는 하늘에 죄를 짓지 않을까 두려워하고, 아래로는 백성들에게 실망을 주지 않을까 걱정하였으니, 밤낮으로 깊은 물과 얇은 얼음을 건너는 듯 전전긍긍하면서도, 세 명의 재상과 여러 신하들의 보좌에 의지하여 왕위를 유지해왔다.

이제 나는 갑자기 병에 걸린 지 열흘이 지났으니, 정신이 혼몽하여 아침 이슬보다 빨리 세상을 떠날지도 모르겠다. 선조로부터 내려오는 사직에는 주인이 없을 수 없으며, 국가의 정치에 관한 모든 사무는 잠시라도 폐할 수 없다.

돌아보건대 서불한(이벌찬-신라 1등급 관리의 자리) 의정은 선왕의 동생(김균정의 아들이며 신무왕 김우징의 이복 동생)이요, 나의 숙부다. 그는 효성과 우애가 있고 명민하며 관후하고, 또한 위로는 종묘를 받들 만하고, 아래로는 백성을 다스릴 만하다. 이에 나는 무거운 책무에서 벗어나 어질고 덕망이 높은 그에게 왕위를 맡기려 하는 바, 그것을 부탁할 적임자를 얻었으니 무슨 여한이 있겠는가?

살고 죽는 것과 시작하고 끝맺는 것은 만물의 위대한 기약이요, 오래 살고 일찍 죽는 것은 천명이 부여하는 정해진 몫이다. 세상을 뜨는 자는 하늘의 이치에 이르는 것이니, 세상에 남는 자가 지나치게 슬퍼할 필요는 없다. 너희 여러 신하는 힘을 다하여 충성할 것이며, 가는 사람을 장례 지내고 살아 있는 사람을 섬김에 있어서도 예절을 어기지 말 것이다.

나라 전체에 포고하여 나의 뜻을 분명히 알게 하라."

문성왕 치세에 왕의 숙부였던 김의정은 정치적인 기반을 차근차근 쌓았기 때문에 무난히 왕위에 오를 수 있었을 것으로 추측된다. 또 한편으로는 문성왕은 이미 몹시 위독한 상태였는데, 긴 유언장을 남기기에는 무리가 많았다고 보는 견해도 있다. 결국 정파 간에 모종의 결탁이 이루어져 유언장이 날조되었을 수 있다고 보기도 한다.

문성왕의 뒤를 이어 신라 제47대 왕위에 오른 사람은 헌안왕(김의정)이었으며, 그는 부인과의 사이에 딸만 둘을 두고 있었다.

그런데 즉위 원년에 후비에게서 태기가 있었다.

"딸만 둘 있으니 이제라도 아들이 태어난다면 얼마나 좋겠는가."

헌안왕은 후비의 몸에서 아들이 태어나기를 간절하게 바랐다.

이윽고 산달이 다가오자 후비를 친정으로 보내어 아기를 낳게 했다.

마침내 5월 5일 단옷날, 서라벌의 한 집에서 아기 울음소리가 요란하게 퍼졌다.

"아들입니다!"

"그렇게 기다리고 기다렸던 왕자님이 탄생하셨습니다!"

모두들 왕자의 탄생을 축하했으나 여기저기서 수군거리는 소리도 들렸다.

"지붕 위에 흰빛이 어리고 무지개가 하늘에 뻗쳐 있는 걸 보니 저 아이는 보통 아이가 아닌 모양이야."

"그런데 이가 둘씩이나 나 있다지 뭔가."

"갓난아기한테 무슨 이가 나 있다는 거야? 그것 참 해괴한 일이로군."

아기가 태어났다는 소식을 들은 헌안왕은 즉시 일관(왕의 측근에서 천체의 움직임을 보고 길흉을 가리는 일을 맡은 관직)을 불렀다.

간월도 일대의 철새
이곳은 무학대사 자초(自超:1327~1405)가 출가하여 도를 깨쳤다는 곳으로, 이후에 자초가 간월암이라는 암자를 지었는데, 간월도는 그 암자의 이름에서 유래한다고 한다.

"새로 태어난 아기 이름은 무엇으로 지으면 좋겠느냐? 그리고 내 아들이 장차 어떤 인물로 자랄 것인지 알아보도록 하라."

헌안왕의 물음에 일관은 안절부절못했다.

"왜 그러느냐? 숨기지 말고 자세히 말하도록 하여라."

헌안왕이 다그쳐 묻자 일관은 머뭇거리며 간신히 대답하였다.

"5자가 거듭되는 단옷날(5월 5일)에 아기가 태어난 것은 매우 불길한 징조입니다. 또한 왕자님은 이미 이가 두 개나 나 있었으며, 뿐만 아니라 태어날 때 지붕 위로 어린 흰 빛이 하늘까지 닿았다고 합니다. 이런 해괴한 일은 장차 나라에 이롭지 않는 일이 생길 조짐이니 마땅히 기르지 않는 것이 좋을 줄 아룁니다."

 일관의 말에 헌안왕은 몹시 놀랐다.

 "앞선 여러 왕들은 피비린내나는 왕위 다툼을 벌여야 했다. 태어난 아기도 그런 불길한 운세를 타고 났다면 마땅히 거두지 말아야 할 것이다!"

 헌안왕은 망설이지 않고 아기를 죽여없애라는 명령을 내렸다.

 "외부의 눈을 경계하고 태어난 아기를 감쪽같이 없애 후환을 막도록 하라!"

 명을 받은 군사들이 후궁의 친정집으로 달려갔다.

 "아기를 없애라는 명령이니 어서 아기를 내놓으시오!"

군사들이 아기를 빼앗으려 하자 산모는 죽을힘을 다해 대들며 막아섰다.

"아무 죄도 없는 핏덩이를 왜 죽이려 한단 말이냐? 내가 두 눈을 뜨고 있는 한 절대 이 아이를 죽이지 못할 것이다!"

산모는 아기를 안고 정자까지 달아났으나 이내 군사들 손에 붙잡히고 말았다.

"왕명을 거역할 셈이오?"

군사들이 덤벼들자 산모는 아기를 정자 밑으로 던졌다. 정자 밑에는 유모가 숨어 있었다. 유모는 정자 밑으로 떨어지는 아기를 받아 안았다. 그러나 아기를 받으면서 그만 유모 손가락이 아기 눈을 찔렀고, 그 일로 아기는 한쪽 눈을 잃고 말았다.

궁예는 단옷날처럼 양기가 겹친 날에 태어난 데다 태어나면서부터 이가 있었고, 지붕 위에 상서로운 광염이 뻗쳤다는 것

때문에 버림을 받았다. 그러나 실제로 궁예를 죽이려 했던 까닭은 복잡한 정치적 문제 때문이었다.

단오는 초오(初午)의 뜻으로 5월 처음의 말(午)의 날을 말한다. 음력 5월은 이른바 5월에 해당하며 양수, 즉 기수의 달과 날이 같은 수로 겹치는 것을 중시한 데서 5월 5일을 명절날로 정한 것이다.『동국세기』등의 문헌에 의하면 수릿날은 일년 중 큰 명절의 하나다. 그래서 신라 시대부터 수릿날인 5월 5일을 단오절로 정하고, 왕실로부터 아래로는 백성에 이르기까지 이 날을 경축일로 삼아 거국적인 잔치를 베풀어 모두 흥겹게 지내왔다.

중국, 일본에서도 명절로 지켜질 뿐만 아니라 우리나라에서도 4대 명절의 하나인 단옷날 태어났다는 사실 때문에 불길한 징조라고 한 것은 궁예가 태어날 때 두 개의 이를 갖고 있었기 때문일 수 있다. 궁예가 이가 난 채로 태어났다는 것은 그만큼 성숙했다는 의미를 지녔다. 박혁거세가 알에서 나오자 "소벌

공은 그 아이를 거두어 데리고 돌아와 잘 길렀는데 십여 세가 되자 유달리 성숙했다. 6부(6촌) 사람들은 그 아이의 출생이 신기하므로 우러러 받들게 되었는데 이때에 이르러 그를 임금으로 뽑아 세우게 된 것이다."라는 『삼국유사』의 기록과 김알지가 태어날 때 "왕이 나뭇가지에 걸린 황금 궤를 열어보니 건강한 남자아이가 있었는데 누웠다가 곧 일어났다."고 적힌 『삼국사기』의 내용과 비교해 보았을 때 단옷날에 태어나고 나면서부터 이가 났고, 또한 이상한 빛이 하늘로 뻗었던 궁예의 탄생을 일관은 장차 왕위에 오르게 될 위인임을 암시했던 것으로 풀이 된다.

 결국 궁예는 신라 왕실의 왕위 쟁탈전에서 희생을 당한 것일 수 있었다.

애꾸눈 궁예

　세월이 흐르고, 헌안왕은 아들이 다시 태어나기를 간절하게 바랐지만 그 소원은 이뤄지지 않았다.

　"장차 보위를 누구에게 물려준단 말인가. 가까스로 얻은 아들은 기구한 운명을 타고나서 일찌감치 제거되었고, 내게는 딸이 둘 있을 뿐이니 장차 누구에게 왕위를 넘길 것인지 큰 걱정이로다."

　그런데 어느 날, 헌안왕은 임해전에서 군신들과 함께 잔치를 즐기다가 그 자리에 와 있던 김응렴을 보게 되었다. 김응렴은 김계명의 아들로 그 무렵에 화랑도의 우두머리인 국선의 위치에 있었다.

　헌안왕은 김응렴을 불러 물었다.

한국의 부채춤
한국·중국·일본 등에서는 일찍부터 부채가 일상생활에서 중요한 역할을 하였으며, 서양 사람들은 동양에서 건너온 부채를 진주·비단 등과 함께 매우 귀중한 물건으로 여겼다.

"화랑이 된 뒤에 명산대천을 찾아다니며 많은 사람을 만났을 텐데, 돌아다니면서 착하다고 생각되는 사람을 만난 적이 있느냐?"

"세 사람을 만났는데, 그들 모두 착한 성품을 지닌 사람들이었습니다."

"그들이 어떤 행동을 했기에 그런 생각을 하게 되었느

냐?"

"한 사람은 귀족 집안의 자제인데도 다른 사람을 대할 때 자신을 내세우지 않고 먼저 상대방을 존중할 줄 알았습니다. 또 한 사람은 재물이 쓰고 넘칠 만큼 많은 데도 사치스러운 비단 옷을 입지 않고 백성이 즐겨 입는 베옷을 입는 것으로 만족해했습니다. 또한 한 사람은 세도와 영화를 충분히 누릴 수 있는 위치에 있는데도 한번도 남에게 세도를 부린 적이 없었습니다."

응렴의 말에 헌안왕은 왕비에게 조용히 물었다.

"내가 많은 사람을 겪어 보았지만 응렴 만한 사람은 없었소. 응렴을 사위로 삼고 싶은데 왕비 생각은 어떻소?"

"우리에게는 공주가 둘인데 누구의 배필로 삼으실 생각이십니까?"

"그건 응렴에게 직접 정하라고 하는 것이 좋겠소."

그렇게 결정한 헌안왕은 응렴을 다시 불러 말했다.

"과인에게는 딸이 둘 있는데 맏이는 금년에 스무 살이고 둘째는 열아홉 살이다. 너를 과인의 사위로 삼고자 하니 마음에 드는 공주를 선택하도록 하라."

"지금 당장 결정할 일이 아닌 듯하니 며칠 생각할 기회를 주십시오."

응렴은 차마 사양할 수가 없어서 그렇게 대답하고 집으로 돌아왔다.

"첫째 공주는 못 생겼지만 둘째 공주는 빼어난 미모를 지녔다고 들었다. 하지만 임금님이 네가 어떤 공주를 선택해주기를 바라는지 전혀 알 수가 없구나."

응렴과 부모는 선뜻 결정을 내리지 못했고, 결국 응렴은 흥륜사 승려를 찾아가 의논을 했다.

『삼국사기』에는 응렴이 결혼 상대자를 선뜻 결정하지 못하고 자문을 구한 사람이 흥륜사의 승려로 나와 있는데, 『삼국유사』에는 화랑을 지도하던 '범교사'라고 기록되어 있다.

"큰공주와 결혼하면 세 가지 이익을 얻을 것이고, 동생과 결혼하면 반대로 세 가지 손해를 볼 것이니 현명한 판단을 하도록 하시오."

승려의 말을 들은 응렴은 첫째 공주와 혼인하기로 결정을 내렸다.

그 때가 헌안왕 재위 4년째인 860년이었으며, 헌안왕은 일 년 뒤에 중병이 들어 자리에서 일어나지 못했다.

"과인은 불행하게도 아들이 없고 딸만 두 명을 두었다. 우리 나라에는 예전에 선덕과 진덕, 두 여왕이 있었지만 이는 암탉이 새벽을 알리는 것과 비슷한 일로써 이를 본받을 수는 없을 것이다. 과인의 사위인 응렴은 나이가 비록 어리지만 훌륭한 성품과 덕을 지녔으니, 장차 응렴을 임금으로 세워 섬기도록 하라. 그는 반드시 훌륭한 후계자가 될 것이고, 과인이 죽은 뒤에도 나라에 해로운 일이 없을 것이다."

그렇게 헌안왕은 사위인 응렴에게 왕위를 물려주고 세상

을 떠났다. 김응렴은 헌안왕의 뒤를 이어 신라 제48대 왕위에 올랐는데, 그가 곧 경문왕이다.

경문왕은 희강왕의 후손이었고, 김계명의 아들이다. 응렴이 헌안왕의 사위가 되어 왕위를 계승한 것은 경문왕의 부친 김계명과 헌안왕의 정치적 유대 관계에 힘입은 것이다. 김계명은 문성왕 10년(848)부터 시중으로 있으면서 문성왕 11년부터 상대등으로 있던 김의정과 정치적 동맹 관계였다. 김계명은 문성왕이 죽자 김의정이 왕이 되는 데 커다란 영향력을 행사했다. 헌안왕과 김계명의 정치적 유대는 지속됐고, 헌안왕은 김계명의 아들 김응렴을 사위로 맞아 후계자로 삼았다. 헌안왕에게는 아들이 없고 딸만 둘 있었으므로 김계명의 아들 김응렴은 다음 보위를 물려받을 수 있었다. 궁예가 헌안왕의 서자로 태어났다면 김계명은 자신의 아들인 김응렴을 왕의 자리에 앉히기 위해 반드시 궁예를 제거해야만 했을 것이다. 궁예 축출 사건은 통일 신라 시대에도 여전히 혈통을 중시하는 골품제와 깊

한국의 전통 가옥의 부엌 아궁이
일반에서는 음력 12월 23일에 부엌의 조왕신이 하늘로 올라가 옥황상제에게 그 집에서 한해 동안 일어난 모든 일을 보고한다고 여긴다. 따라서 악행을 저지른 사람은 이를 겁낸 나머지 조왕이 하늘로 떠나지 못하도록 아궁이에 엿을 발라두었다. 아궁이는 출입문인 동시에 입을 상징하므로 이렇게 하면 입이 열리지 않으리라 여겼다. 주부는 부엌을 맡고 있는 조왕신에게 집안이 잘 되라고 매일 기원을 했다고 한다.

은 관련이 있다고 추측하기도 한다.

 가까스로 궁예의 목숨을 구한 유모는 아무도 모르는 깊은 산속으로 들어가 어렵게 궁예를 키웠다.

 『삼국사기』에는 유모가 힘들게 궁예를 키웠다는 것을 기록해 놓았다.

'젖종이 아기를 안고 도망하여 숨어서 고생스럽게 양육하였다.'

궁예는 아버지도 없는 데다 애꾸눈인 탓에 아이들의 놀림을 받으며 자라야 했고, 십여 살이 되도록 성격이 난폭해 싸우는 일이 잦았다.

"어머니, 제가 잘못한 것이 아니라 저 놈들이 먼저 저를 애꾸눈이라고 놀렸어요. 놀린 놈들을 가만두란 말이에요?"

궁예는 매일 사고를 치면서도 조금도 뉘우치는 기색이 없었다.

"제발 싸움은 그만하고 학문을 닦고 무술을 연마하도록 해라. 도대체 언제 철이 들겠느냐?"

"이를 부러뜨렸다고 배상해달라고 하면 제가 가서 또 한 번 손을 봐주고 올게요. 그러니까 어머니는 절대 그놈들한

테 잘못했다고 빌지 마세요!"

궁예의 빈번한 싸움 탓에 한 마을에 뿌리를 내리지 못한 채 이곳저곳 떠돌며 살아야 할 지경이었다.

마침내 유모는 궁예의 출생에 관한 비밀을 알려주기로 했다. 태어날 때 이가 나 있었으며 흰 빛이 하늘까지 닿았던 것과, 단옷날에 태어난 것 때문에 죽음을 당할 뻔했던 이야기를 모두 들려주었다.

"너는 헌안왕의 서자로, 태어나면서부터 나라의 버림을 받았지만 나는 너를 친자식처럼 길러 오늘에 이르렀다. 그런데 너는 아직 사리 분별을 못하고 제멋대로 살고 있으니 여간 걱정이 아니로구나. 만약 남이 네가 왕손이라는 사실을 알게 된다면 너와 나는 죽음을 모면할 수 없을 것이다. 그러니 제발 행동을 조심해야 한다."

그 말을 들은 궁예는 몹시 충격을 받았다.

"제가 왕손이었다니, 믿을 수가 없습니다. 버림만 받지 않았다면 왕의 자리에 오를 수도 있었는데……."

궁예는 오랜 생각 끝에 집을 떠나기로 결심했다.

"어머니, 저에게 어머니는 유모가 아니라 어머니입니다. 이제야 제 신분을 알았으니 공부를 위해 이곳을 떠나겠습니다. 집을 떠나더라도 어머니께 걱정 끼치는 일을 두 번 다시 하지 않겠습니다."

궁예는 곧바로 집을 떠나 송악(개성)의 세달사(경기도 개풍군에 있는 지금의 흥교사)라는 절로 들어갔다.

『삼국사기』에는 궁예가 어린 나이에 불가에 든 과정을 이렇게 기록해 놓았다.

'궁예는 말을 마치고 곧 세달사로 갔다. 지금의 흥교사가 바로 그 절이다. 그는 머리를 깎고 중이 되었다.'

『삼국사기』에는 궁예를 '헌안왕의 아들이라고도 했다가, 혹은 경문왕의 아들이라고도 한다' 하는 식으로 기록해 놓았다.

일부 역사 학자들은 궁예가 신라 왕자 출신이 아니라고 주장하기도 한다. 자신의 신분을 고귀하고 신성한 것으로 만들기 위해 꾸민 것으로, 신라에 반역한 당위성을 부여하기 위해 조작한 설화라는 것이다. 견훤과 왕건도 신라 왕실과 혈연적 관계가 없음에도 불구하고 '진흥왕 5대손'이라고 하거나 '성공 장군의 후손'이라고 칭했던 것처럼 궁예 역시 왕자 출신이 아니었을 거라고 짐작하기도 한다. 또 한편으로는 왕건이나 견훤은 먼 옛날의 왕계를 연결시켰는데, 궁예만은 가까운 헌안왕이나 경문왕을 연결한 것으로 미루어 왕자 출신이 분명하다는 견해를 제시하는 사람들도 있다.

궁예가 절을 선택한 데는 달리 의지할 곳이 없기 때문이었다.

"나는 반드시 일어선다! 그러자면 지도자의 학식과 신라 사회에 대한 문제의식을 똑바로 배우고 익혀야 된다."

부처를 이해하려면 불경을 이해해야 되고, 불경을 이해하려면 한문을 알아야 했다. 그러려면 중국의 여러 서적을 널리 읽어야 했다.

그 무렵에 사찰의 후원자는 국가와 귀족들이었다. 재산이 많은 귀족들은 사찰을 재산을 숨기는 데 이용하기도 했으며, 금으로 만든 부처까지 아낌없이 바치고는 했다. 가난한 백성은 금불상을 훔쳐서 녹인 다음 내다 팔기도 했을 정도였다.

다듬잇돌과 방망이
다듬잇감을 다듬잇돌 위에 올려놓고 다듬잇방망이로 두드리거나 홍두깨에 감은 다음, 홍두깨틀에 의지하여 방망이로 두드리면 홍두깨가 돌면서 골고루 다듬어진다. 잘 다듬어진 옷감은 다림질한 것 이상으로 매끈하고 구김도 덜하다.

궁예처럼 달리 오갈 데가 없는 사람에게 절 만큼 편한 곳이 없었다.

"내 법명(불교에서 승려가 된 사람에게 주는 이름)은 선종이다! 이제부터 모두들 나를 선종으로 불러야 한다!"

궁예는 자신의 법명을 스스로 선종이라고 칭했다.

『삼국사기』에는 궁예가 스스로를 선종이라고 칭한 것을 기록해 놓았다.

'궁예는 스스로 선종이라고 칭하였다. 그는 장성하자 승려의 계율에 구애받지 않았으며 기상이 당당하고 담력이 있었다.'

신라 선덕여왕 시절의 자장율사를 선종이라고 불렀다. 자장율사는 공교롭게도 석가모니와 같은 날에 태어났고, 그래서 선종이라고 불렸다. 자장율사는 진골 귀족 출신으로 왕족이었다. 궁예는 자신도 왕족이므로 자장율사처럼 선종으로 불려야 마땅하다고 여겼을 것으로 짐작된다.

궁예는 세달사에 머물면서 단순하게 지식을 쌓거나 불자로서 수행만 하지 않았다.

"신라는 불교 때문에 나라꼴이 더 엉망이 되어가고 있다. 진골이나 귀족들은 더 많은 복을 누리기 위해 절에 엄청난 재산을 바치고, 절은 그런 자들을 이용해 사리사욕을 챙기며 부패해가고 있다. 이렇게 나라가 망해 가는데 가만 두고 볼 수만은 없다. 이 나라가 누구 것인가! 바로 내 것이 아닌가!"

궁예는 세달사에서 신라 사회의 부패 구조를 파악하며 혁명을 꿈꾸었다.

"개혁만이 이 나라를 살릴 수 있다. 혁명으로 백성과 나라를 구해야 된다.'

궁예는 특히 미륵신앙에 많은 관심을 기울였다.

"미륵신앙만이 신라의 백성을 구제할 수 있다!"

미륵신앙이란 신라 제35대 경덕왕 때 고승이었던 진표율사가 기틀을 다진 신앙체제다. 신라가 말기적 혼란에 빠져들자 백성들은 말세적인 세상을 구제하기 위해 미륵이 이 땅에 내려오기를 간절히 바랐다. 세력이 없던 궁예는 미륵신앙을 앞세워 자신의 입지를 굳힐 계획을 세웠을 것이다.

꺼져가는 신라의 촛불

머리를 깎은 궁예는 글자를 배우면서 불법을 익히는 한편 열심히 무예를 닦았다.

"글과 칼이 함께 있을 때 더욱 큰 힘을 발휘할 수 있다. 글자를 배우고 학문을 깨우치는 것과 마찬가지로 무예도 익혀야 한다!"

궁예의 무술 실력은 날이 갈수록 발전했다.

"선종의 무술은 타고난 힘이 바탕이 되어 놀라울 정도로 뛰어나구나."

"눈도 하나밖에 없는 사람이 앞과 뒤에 눈이 있는 것처럼 사방에서 날아오는 돌도 거뜬히 막아내는 솜씨가 예사롭지 않아."

"아마 스님들 중에서 선종 스님처럼 활 쏘는 솜씨가 뛰어난 사람은 없을 거야."

사람들은 궁예의 무술 실력을 입을 모아 칭찬했다.

본래 궁예는 끝까지 승려로 살 생각이 추호도 없었다. 불교의 계율에 얽매이는 것을 싫어한데다 세상일에 관심이 많았던 까닭이다. 유난히 활에 집착하며 실력을 쌓는 것도 언젠가는 세상에 나가 활개를 펼 날을 위한 준비에 지나지 않았다.

궁예가 세달사에서 학문과 무술을 익히는 동안 세상은 하루가 다르게 변해가고 있었다. 조정은 허수아비처럼 아무런 힘도 쓰지 못하고, 곳곳에서 힘 있는 세력이 일어나 영토를 넓히며 백성을 괴롭혔다.

어느 날, 궁예는 바리때(승려들이 가지고 다니는 밥그릇)를 가지고 재식(불가의 법회 때 하는 식사)에 가는 중이었다.

"깍깍깍!"

평양직할시의 위성 사진
427년부터 고구려의 수도였으며, 고려 시대에는 서경이라고 했다. 947년 고려 정종은 도참설에 따라 서경성을 쌓고 천도하려 하였으나 귀족들의 불만과 백성들의 반발로 실현되지 못했다. 1136년에는 고려 인종에게 묘청, 정지상, 백수한 등이 서경천도론을 건의하여 추진되었으나, 김부식을 중심으로 한 문벌 귀족들의 반발과 민심의 이탈로 인종이 중지를 명함으로써 좌절되었다.

머리 위에서 까마귀 한 마리가 어지럽게 날며 울어대더니 뭔가를 바리때에 떨어뜨렸다. 그것은 산가지(옛날에 물건의 숫자를 셈하던 나뭇가지)였다.

"막대기 네 개가 왕(王)자(字)를 그리고 있으니 내 필시 왕이 될 징조렸다!"

궁예는 까마귀가 떨어뜨린 산가지를 소중하게 간직했다.

"그래, 나는 왕손으로 태어났다. 비록 운이 없어 간신히 죽음을 면하고 애꾸눈이 되어 살고 있지만 언젠가는 왕의 자리에 오를 운명이라는 것을 하늘이 알려주고 있어. 그래, 나는 반드시 뭇 중생을 구제하는 임금이 될 것이다!"

그 날 이후, 궁예는 남모르는 야망을 키워나갔다.

"국가가 소란해서 정사가 거칠면 백성이 흩어지게 된다. 또한 배반하는 주와 현이 태반일 것이니 도적 떼가 벌 떼처럼 일어나면 세상이 어지러운 틈을 타서 무리를 모아 뜻을 이루면 된다!"

헌안왕의 사위가 되어 왕위에 올랐던 경문왕의 뒤를 이어 왕위에 오른 사람은 신라 제49대 헌강왕이었다. 헌강왕은 경문왕의 맏아들로 어린 나이에 임금 자리에 앉았으며, 헌강왕 치세는 그런대로 무난했다. 헌강왕 연간에는 단 한 차례도 천재지변에 의한 흉년이 발생하지 않은 덕분에 백성은 곤궁한 삶을 면할 수 있었다.

"오랜만에 태평성대를 누리는구먼."

"당나라로 유학 가 있던 많은 인재들이 앞 다투어 돌아와서 나라에 보탬이 되고 있으니 얼마나 다행한 일인가."

『삼국유사』에는 헌강왕 치세를 이렇게 기록해 놓았다.

'제49대 헌강대왕 시대에는 서울로부터 동해 어구에 이르기까지 집들이 총총히 늘어섰지만, 단 한 채도 초가집을 볼 수 없었고, 길거리에서는 음악 소리가 그치지 않았으며, 사철의 비바람마저 순조로웠다.'

그 기록으로 보아 헌강왕 연간의 신라 사회가 대단히 안정되어 있음을 알 수 있다.

당나라에서 명성을 날리던 최치원이 신라로 돌아온 것도 헌강왕 치세인 885년이다.

신라에 비해 당시 당나라는 매우 혼미한 정국이 계속되고 있었다. 황소의 난이 평정되었지만 오랜 민란으로 당나라는 몰락 지경에 이르고 있었다. 당나라가 서서히 몰락의 길을 걷자 신라의 유학파들이 벼슬살이를 그만두고 하나 둘씩 신라로 돌아왔다.

헌강왕은 아들에게 왕위를 넘겨주지 못하고 숨을 거두었다. 헌강왕의 아들 요(훗날 효공왕)가 태어난 지 몇 달 안 된 갓난아기였기 때문이다.

결국 경문왕의 둘째 아들이며 헌강왕의 동생인 황에게 왕위가 돌아갔다. 그가 바로 신라 제50대 정강왕이다.

하지만 정강왕도 불과 1년 만에 병석에 눕고 말았다.

"나의 병이 위급하니 다시 회복하지 못할 것이다. 선왕(헌강왕)의 왕자가 아직 어려서 왕위를 물려줄 수 없으나 다행히 누이동생 만(훗날 진성여왕)이 있지 않은가. 만은 천성이 명민하고 체격이 남자와 같으니 그대들이 선덕왕과 진덕왕의 옛 일을 본받아 만을 왕위에 세우도록 하라."

정강왕의 유언에 따라 경문왕의 딸이며 정강왕의 누이인 만이 왕위에 올랐는데, 그가 곧 신라 제51대 진성여왕이다. 선덕, 진덕에 이어 세 번째 여왕이었다.

"신라가 한반도 삼국 통일을 이룰 수 있었던 것은 선덕여왕의 어진 성품과 높은 덕망 덕분이었지."

"아무렴. 선덕여왕이 당나라 황제의 견딜 수 없는 수모를 꿋꿋하게 견디며 김유신이며 김춘추 같은 유능한 인재를 앞장 세웠기 때문에 한반도 한쪽 구석에 위치했던 신라가 삼국을 통일할 수 있었어."

"선덕여왕 치세에도 지금처럼 죽느냐 사느냐 기로에 서 있었잖아. 여왕이 허리를 낮추는 정치를 하지 못했다면 신라는 고구려, 백제를 결코 이길 수가 없었을 거야."

"정강왕은 누구보다 누이동생을 잘 알고 있겠지. 그러니까 선덕여왕이 그랬던 것처럼 위험에 빠진 신라를 여자의 꼼꼼하고 자상한 능력을 발휘해서 나라를 다시 일으켜 세우길 바라셨던 거야."

백성은 왕위에 오른 여왕에 대해 거는 기대가 컸지만 염려하는 사람도 많았다.

"선덕여왕 때는 김유신, 김춘추, 알천 같은 유능한 인재들이 곁에 있지 않았는가. 그 덕에 왕실의 권위와 나라의 힘을 널리 과시할 수 있었지만 지금은 인재가 없어. 골품제에 발이 묶인 뛰어난 인재들은 조정으로 들어갈 수가 없지 않은가 말이야."

"맞는 말이네. 왕권에 눈이 어두운 귀족과 대신들이 조정을 장악하고 있는데 연약한 여자 힘으로 어떻게 이 나라를 이끌 수 있단 말인가."

"여자 힘으로 나라를 다스리기는 참으로 힘든 일이고 곁에 뛰어난 인재들이 떠받들고 있어야 하는데, 누가 있어야 말이지."

"신라는 이제 돌이킬 수 없는 망국의 길을 걷고 있는 것이 분명해."

"여자라고 얕보고서 지방의 세력들이 힘을 더욱 기르며 반발할지도 모를 일이지."

일설에는 정강왕이 후계자 문제를 두고 많은 고민을 했을 것으로 추측하기도 한다. 진성여왕의 뒤를 이어 신라 제52대 왕위에 오른 사람은 효공왕이었다. 진성여왕도 자식이 없었기 때문에 조카인 효공왕에게 왕위를 물려주었다. 그런데 다시 효공왕도 후손이 없이 사망하자 그 뒤를 이어 박씨 성을 가진 신덕왕이 왕위를 계승했다. 그렇게 됨으로써 신라 왕실의 김씨 왕통이 단절되고 말았다. 결국 정강왕 말년에 왕위를 놓고 귀족 세력 간에 대립이 치열했으며, 정강왕은 박씨에게 왕통을 넘겨주지 않기 위해 무리를 해서 여동생에게 왕위를 물려주었을 것으로 해석하기도 한다.

822년에 일어난 김헌창의 난을 시작으로 신라는 연이어 벌어진 왕위 다툼 때문에 왕실의 권위와 힘이 땅바닥에 떨어진 상태였다.

그런데다 장보고와 같은 거대한 해상 세력이 등장하여 왕을 갈아 치우는 사태가 빚어지고, 그로 인해 조정의 통

평양의 모란봉 공원
모란봉 구역은 모란봉에서 시작되어 평양 개선문까지 이루어진 지역이다. 평양직할시를 이루는 19개의 구역 중 하나다.

세력은 급격하게 악화되고 있었다.

경문왕과 헌강왕이 왕권을 안정시키고 국가 기강을 바로 세우고자 안간힘을 썼다. 하지만 헌강왕에 이어 정강왕마저 후계자를 제대로 정하지 못한 상태에서 세상을 떴기 때문에, 조정은 지방 세력에 대한 통제력을 거의 상실하고 말았다.

그런 상황에서 왕위에 오른 진성여왕은 제일 먼저 백성

을 위로하는 정치를 펼쳤다.

"과인이 선대왕인 정강대왕의 뒤를 이어 신라의 임금 자리에 올랐다. 크고 작은 죄를 지어 감옥에서 고통 받고 있는 백성들을 가족의 품으로 돌려보내도록 하라. 또한 가뭄으로 고생하는 주와 군의 백성들에게는 1년 동안 조세를 감면해주도록 하라!"

진성여왕이 왕위에 앉아 있었지만 실제로 왕권을 행사한 인물은 따로 있었다. 바로 각간 위홍이었다. 위홍은 경문왕의 동생이고 진성여왕의 숙부였다. 진성여왕은 왕위에 오른 뒤에 위홍을 남편으로 삼아 정치를 하게 했다.

신라 시대에는 족내혼의 풍습을 좇고 있었다. 진흥왕의 아버지는 법흥왕의 동생이었다.

그런데 법흥왕의 딸과 법흥왕의 동생이 서로 결혼을 해서 진흥왕이 태어나기도 했다. 그런 만큼 숙부인 위홍과 진성여왕이 결혼했다는 것은 문제가 될 수 없었다.

"각간 위홍은 경문대왕과 정강대왕 시기에도 실권을 쥐고서 왕실을 지탱해준 큰 힘이었으니 나를 도와 나라의 정사를 도맡도록 하시오!"

"성심을 다해 대왕마마를 모시고 나라를 위해 일하겠습니다."

진성여왕은 위홍과 어렸을 때부터 자신을 지켜주었던 부호 부인의 도움을 받아 나라를 다스릴 계획을 세웠다.

"부인도 항상 과인의 곁을 그림자처럼 지켜주시오."

"저는 어려서부터 마마를 친자식처럼 돌보았는데 마마를 위하는 일이라면 무엇인들 못하겠습니까."

부호 부인은 위홍의 부인이었다. 또한 진성여왕의 유모였고, 숙모였다.

그런데 위홍과 부호 부인이 세력을 쥐자 여왕의 측근 세력들이 권력을 마음대로 휘둘렀다.

『삼국유사』에는 위홍과 부호 부인을 비롯한 측근 세력들에 대해 이렇게 기록되어 있다.

'제51대 진성여왕이 정치를 한 지 몇 년 동안에 왕의 유모였던 부호 부인과 그의 남편인 위홍 잡간 등 왕의 총애를 받는 서너 명의 신하들이 세도를 부려서 정치를 마음대로 쥐고 흔들었으므로 사방에서 도적이 벌 떼처럼 일어났다.'

진성여왕의 폭정과 신라의 운명

 진성여왕 주위의 몇몇 측근들이 권력을 쥐락펴락하자 많은 지식인들이 불만을 터뜨렸다.

 '여왕과 위홍을 비롯한 두 명의 소판과 또 그 밑에 있는 아찬 벼슬을 가진 세 명과 위홍의 아내 부호 부인이 권력을 전횡하고 있으니 이는 망국의 징조이다.'

 급기야 진성여왕과 측근을 비판하는 글이 나돌기 시작했고, 그 글을 읽은 진성여왕은 크게 당황했다.
 "감히 왕실을 모독하다니! 이런 글을 쓴 자가 누구더냐!"

고구려 고분군의 수렵도
중국 지안의 고구려 고분 '무용총'에 있는 벽화. 고구려 고분군은 유네스코 세계유산으로 등록된 조선민주주의인민공화국에 있는 고구려 시대 후기의 고분군이다.

"문인으로서 벼슬을 못하고 있는 자의 소행일 것입니다."

"그 자가 누구란 말이냐!"

"아마도 대야주(지금의 합천)에 사는 거인이라는 자일 것입니다. 그 자는 성은 왕씨이며 6두품으로 당나라에 유학까지 다녀왔지만 높은 벼슬에 오르지 못하는 것을 불평하며 산다고 합니다. 그 자를 믿고 따르는 백성이 많은데 필시 백성을 선동하기 위해서 이런 글을 썼을 것입니다."

"당장 그 자를 잡아들이도록 하라!"

진성여왕은 당장 거인을 잡아들이라는 명을 내렸고, 시골에서 조용히 살던 거인은 누명을 쓰고 끌려오게 되었다.

"나는 초야에 묻혀 사는 사람입니다! 보도 듣도 못한 벽서(벽에 글을 쓰거나 써 붙이는 것)를 내가 썼다고 누명을 쐬우는 이유가 무엇인지요?"

거인은 억울함을 호소했지만 진성여왕은 거인을 옥에 가두고 이내 죽이라는 명을 내렸다.

"이렇게 억울할 데가 있단 말인가. 하늘이 알고 땅이 알까. 멀쩡한 하늘에 날벼락도 유분수지 이런 억울한 누명을 쓰고 죽어야 한단 말인가!"

거인은 원통함을 이기지 못하고 글을 지어서 감옥의 벽에 써 붙였다.

'연나라 태자의 피어린 눈물에 무지개가 해를 뚫고
제나라 후연이 원한을 품으니 여름에도 서리가 내렸네.
오늘의 이 내 신세도 그와 같건마는
하늘도 무심하지 아무런 조짐이 없구나.'

그런데 그날 밤이었다. 느닷없이 천둥이 치고 우박이 쏟아지기 시작했다.

"갑자기 구름과 안개가 하늘을 덮고 번개가 치며 우박이 쏟아진다!"

"죄 없는 거인을 옥에 가둔 여왕과 대신들을 하늘이 벌주고 있다!"

"여왕과 대신들은 하늘의 뜻을 받아들여 거인을 석방하라!"

사람들은 여왕과 측근의 행동에 하늘이 크게 노했다고 여겼으며, 진성여왕도 크게 놀라기는 마찬가지였다.

"과인이 잘못하여 하늘이 노했구나! 당장 거인을 풀어주어 대야주로 돌아가게 하여 하늘의 노여움을 풀게 하라!"

억울한 죽음을 당할 뻔했던 거인은 뜻하지 않은 천재지변으로 무사히 풀려날 수 있었다.

거인은 성이 왕씨였던 것으로 보아 중국에 유학을 갔던 6두품 유학생이었을 가능성이 높다.

벽에 중국의 시를 쓰고, 또 중국의 고사까지 인용한 점으로 미루어 최치원처럼 당나라 유학생이었을 것이다. 신라로 돌아온 뒤에 골품제로 인하여 벼슬길이 막히자 조정에 강한 불만을 품고 있었을 것으로 보기도 한다.

왕거인 사건 이후, 진성여왕은 병이 들어 앓아누웠다. 백성이 우러르고 따르는 대학자를 고문한 죄책감과 하늘에 대한 두려움에 마음의 병을 얻은 것이다.

"사형수 이외의 죄수들을 모두 석방하고, 사찰 60여 곳을 도와주도록 하라!"

그런데 진성여왕 즉위 이듬해인 888년 2월에 위홍이 그만 세상을 뜨고 말았다.

"여자인 내가 어찌 이 어려운 국정을 끌고 나가란 말입니까."

진성여왕에게 위홍의 죽음은 큰 심적 타격이었고, 정치적인 타격이기도 했다.

위홍은 경문왕 시절부터 정치적 입지를 확보하고 있었기 때문에 진성여왕을 정치적으로 뒷받침했던 중요한 인물이었을 것이다.

그런데 진성여왕이 즉위하자마자 곧바로 세상을 뜨고 말았고, 위홍을 잃은 진성여왕은 여자의 몸으로 정국을 이끌어야 된다는 두려움으로 정신적인 공황 상태에 빠져들었을 것으로 짐작된다.

위홍의 죽음은 진성여왕의 정치 변화에 중요한 분기점이 되었을 것으로 여겨진다.

"여왕이 젊은 미남자 두세 명을 남몰래 침실로 불러들여서 즐기고 있다고 합니다."

"어디 그뿐입니까. 그들에게 중요한 자리를 주어 나랏일까지 맡기고 있습니다."

"여왕의 총애를 받던 그 자들은 점점 더 제멋대로 권력을 휘두르며, 거리낌없이 뇌물까지 받고 있어요."

"그 자들이 뇌물을 받는 일이 공공연하게 행해지고 있는데도 여왕은 모른 척하고 있습니다."

"이러니 상벌이 공정하지 못하고 나라 기강이 형편없이 어지러워질 수밖에요!"

모두들 여왕의 행동을 두고 눈살을 찌푸렸지만, 진성여왕은 아랑곳하지 않고 오랫동안 나랏일을 돌보지 않은 채 방탕한 생활을 즐겼다.

드디어 재위 3년째인 889년, 나라 안에 심각한 일이 터지고 말았다.

"연이은 흉년으로 백성이 굶주림에 시달리고 있어서 세금을 거둘 수가 없습니다!"

"아예 나라의 창고가 바닥을 드러냈습니다!"

자연 재해는 끊임없이 이어졌고, 나라에서는 세금을 거둘 수가 없게 되자 결국 국고가 텅 빌 지경에 이르렀던 것이다.

"각 주와 현에 관리를 보내어 세금을 독촉하도록 하라!"

백성의 사정을 헤아리지 못한 진성여왕은 많은 관리를 지방으로 보내 세금을 거둬들이게 했다.

"먹고 살 곡식도 없는데 세금을 내라니!"

"차라리 내 살을 세금으로 뜯어가라! 굶어죽을 것 같은 백성이 눈에 보이지도 않는단 말이냐!"

조정에서 강제로 세금을 징수하려 하자 백성의 고통은 날이 갈수록 더해갔다. 따라서 곳곳에서 민란이 일어났고, 도적 떼가 들끓게 되었다.

"조정은 백성을 괴롭히는 도적 떼를 없애지 않고 구경만 할 것이냐!"

"벌 떼처럼 몰려드는 도적 떼를 없애고 백성을 편하게 살게 하라!"

백성의 아우성이 하늘을 찔렀지만 이미 힘을 잃은 조정은 구경만 하는 꼴이었다.

그 무렵에 지방의 호족들은 사병을 거느리고 성을 쌓아서 촌락과 주민을 거느리며 세력을 키워갔다.

성주라고 불린 그들은 가난한 농민들에게 곡식을 빌려주고 높은 이자를 받고는 했다. 그리고 이자를 갚지 못하면 땅을 빼앗고, 노비로 삼아 일을 시키고는 했다.

조선범
북한에서는 시베리아 호랑이를 '조선범'이라고 부르고 있다.

중국의 『신당서』에는 이런 기록이 있다.
'신라에서는 귀족들이 곡식을 남에게 빌려주어서 늘리는데 기간 안에 다 갚지 못하면 노비로 삼아서 일을 시킨다.'

농민들은 땅을 빼앗겼기 때문에 경작을 할 수 없었고, 따라서 나라에서는 세금을 거둘 수가 없었다. 또한 농사를 짓고 있는 백성도 국가보다는 자신들을 지배하는 호족들의 존재가 두려워 나라에 세금을 바치는 것을 꺼려했다.

결국 농민층의 몰락은 국가 재정을 파탄으로 몰고 가는 원인이 될 수밖에 없었다.

"여왕이 정치를 잘못하기 때문에 나라가 이 지경에까지 왔다!"

"당장 여왕을 폐위하고 능력 있는 왕이 나라를 다스리게 하라!"

"여자 손에서 나라가 망하는 꼴을 봐야 된단 말이냐!"

진성여왕을 원망하는 소리가 하늘을 찔렀지만, 멸망지경으로 치닫는 정국을 수습할 방법이 없었다.

"나라의 창고가 빌 정도로 나라가 어려워진 데는 여왕의 탓도 있지만 그 이전의 왕들의 잘못도 많아."

"아무렴. 선덕왕(신라 제37대)이 세상을 뜨고 난 뒤에 왕위에 올라야 했던 사람은 김주원이었어. 그런데 원성왕 세력들이 폭우로 알천이 넘치자 김주원이 냇물을 건너지 못한 것을 빌미삼아 원성왕을 임금 자리에 앉힌 것부터 잘못이었어."

"김주원의 아들인 김헌창이 제 아비가 임금이 되지 못한 것에 앙심을 품고 반란을 일으켰을 때 신라 9주의 여러 지역들이 김헌창의 반란에 가담하질 않았는가. 그 때부터 왕권이 땅바닥으로 곤두박질치고 지방 호족들이 세력을 얻기 시작했지."

"해상 무역을 장악했던 장보고가 누구의 간섭도 받지 않고 막강한 실력을 행사하고 있는데도 중앙 조정은 아무 힘도 쓸 수 없었어."

"그런데다 나라를 부강하게 해줄 유일한 인물인 장보고를 죽여 없애니까 지방 호족들이 조정에 충성할 필요가 없다는 것을 절실하게 깨달은 거지."

"그 뒤부터 많은 호족들이 조정의 통제를 벗어나서 지방에서 권력을 키워나갔고 결국 이 지경에까지 이르고 만 것이 아닌가."

뜻있는 사람들은 하루가 다르게 멸망의 길로 들어서는 신라의 앞날을 크게 걱정했다.

조정에서 파견된 사신들이 지방 곳곳을 돌아다니며 세금 독촉을 해대자 사방에서 도적이 극성을 부렸다.

그런데다 설상가상으로 원종과 애노가 군사를 동원하여 사벌주(지금의 상주)에서 반란을 일으켰다.

원종과 애노의 난은 889년(진성여왕 3)에 사벌주(현재 경북 상주)에서 일어난 대규모 반란이다.

그 이전에도 농민들이 높은 세금과 부역 징발을 피해 도망가는 경우가 많았다. 그러나 원종과 애노의 난은 이전의 농민 저항과는 규모부터가 달랐다.

원종은 당시 골품제 사회에 불만을 품은 승려나 지식인, 곧 6두품 출신으로 보이고, 애노는 이름에 남자 노예를 뜻하는 '노' 자가 들어 있는 것으로 보아 노예 출신으로 짐작된다.

진성여왕은 다른 곳도 아닌 서라벌의 바로 코앞인 사벌주에서 반란이 일어났다는 사실에 큰 충격을 받았다.

상주는 경주로 들어오는 길목에서 가장 중요한 지역이었다. 경제적으로 경주 다음으로 중요한 지점이었으며 경주에서 중국으로 가는 통로였다.

또한 한강 지역과 임진강 지역의 중요한 물산들이 상주를 거쳐서 경주로 들어오고 있었다. 요즘으로 치면 서울로 진입하는 관문인 인천쯤에서 반란이 터진 것이다.

"영기는 당장 군사를 이끌고 출동하여 반역자들의 목을 베어오도록 하라!"

어명을 받은 영기는 군사를 이끌고 원종과 애노가 반란을 일으킨 사벌주로 달려갔으나, 반란군의 규모를 보고 아예 싸울 엄두조차 내지 못한 채 벌벌 떨었다.

"도적들이 포진하고 있는 성의 성루를 보니 두려워서 오금이 떨리는구나."

영기는 지레 겁을 먹고 진격조차 하지 못했고, 사벌주의 촌주 우운이 죽을힘을 다해 싸웠지만 싸움 도중에 숨을 거

후나야마 고분터
후나야마 고분은 일본 구마모토 현 다마나 시에 있는 고분으로 1873년 1월 4일 발굴된 전방후원분이다. 한국의 일부학자는 후나야마 고분의 금동 관모와 금동 신발이 익산 입점리 1호분의 금동 관모와 매우 유사하며, 특히 반구상금구라고 부르는 금동 관모 뒷 편에 있는 움직이는 뱀 모양의 침금은 두 관모가 거의 동일하다는 점에서 후나야마 고분의 주인은 백제의 봉국인 담로의 지배자였다고 추정한다.

두고 말았다.

그 소식을 전해들은 진성여왕은 크게 화를 냈다.

"과인의 명을 받고 출동한 신라 조정의 장수가 한갓 도적 무리가 무서워서 진격조차 못했단 말이냐! 당장 영기를 불러들여 목을 치고, 죽은 촌주 우운의 후임으로 우운의 아들을 임명하여 반란군을 진압하게 하라!"

『삼국사기』는 그 일을 이렇게 기록해 놓았다.
 '진성여왕은 칙령을 내려 내마 영기를 참형하고, 이제 갓 열 살이 된 우운의 아들을 촌주로 삼았다.'
『삼국사기』 어디에도 원종과 애노의 난을 진압했다는 기록이 보이지 않는다.

신라가 한반도 삼국 통일을 이룬 것은 아버지와 아들이 전쟁터에 나가 대를 이어서 목숨을 바쳐 싸운 '임전무퇴'의 화랑정신이 있었기 때문이다.

어명을 받고 출동한 장수가 반란군의 위용에 지레 겁을 먹고 전의를 상실했다는 것은 신라 왕실의 종말을 예견하는 것이라 볼 수 있다.

관군이 원종과 애노의 난을 진압하지 못했다는 소문은

전국 각지로 퍼져 나갔고, 소문을 들은 지방 호족들은 기다렸다는 듯이 조정에 반기를 들고 일어섰다.

"사벌주의 반란 사건이 도화선이 되어서 다른 지역에서도 농민 반란이 들불처럼 번지고 있다!"

"사방에서 반란군이 일어났다!"

나라는 사방에서 터지는 반란으로 하루도 조용할 날이 없었지만, 조정은 간신히 서라벌만 지킬 능력밖에 지니고 있지 않았다.

그 무렵에 죽주(지금의 경기도 안성) 지방에서 일어난 기훤은 중부 지역에서 기세를 올리고 있었고, 북원(지금의 원주)에서는 양길이 기세를 떨치고 있었다. 강원도에서는 명주장군 김순식이 만 명이 넘는 사병을 이끌고 땅을 차지했고, 전라남도 순천만 지역에서는 박영규 가문이 해상 세력으로 성장하여 독립된 세력을 다지고 있었다.

궁예가 승려의 신분을 버리고 절을 나선 것도 신라가 극도로 혼란하던 그 무렵이었다.

"이제부터 내 세상이다. 아무도 내 앞을 가로막지 못한다!"

반란군이 된 궁예

궁예는 반란군 대열에 합류하기 좋은 때를 기다렸다가 마침내 웅대한 꿈을 품고 절을 나섰다.

그 때가 진성여왕 5년(891)이었다.

그 당시의 혼란스러운 신라 상황을 『삼국사기』에는 이렇게 기록해 놓았다.

'때는 신라 말기라. 정치가 거칠어지고 백성들이 분산되어 서울 바깥의 주와 현 중에서 신라 조정을 반대하거나 혹은 지지하는 수가 각각 반반씩이었다. 그리고 도처에서 도적이 벌 떼처럼 일어나기도 하고 혹은 개미같이 무리지어 모여들기도 하였다. 궁예는 이런 상황을 보고서 혼란한 틈을 이

임진강
임진강은 한반도 중부에서 서쪽으로 흘러 황해로 나아가는 강이며, 하구에는 강화도가 있다. 고려 시대, 원나라 군대에 위협당한 고려가 수도를 개성으로부터 강화도로 옮겼다. 원나라의 기마 부대는 강폭이 800미터인 임진강을 건널 수가 없었다.

용하여 무리를 끌어 모으면 자기의 뜻을 이룰 수 있으리라고 생각하였다.'

하지만 막상 세달사를 나왔지만 자신의 큰 뜻을 이룩하자면 누구를 찾아가야 하는지 판단이 서지 않았다. 여러 곳에서 소식을 알아본 궁예는 죽주(경기도 안성시)에서 세력을 넓히고 있던 기훤을 찾아갔다.

기훤은 이름이 알려지지 않은 궁예를 달갑게 여기지 않았다.

"두 눈 멀쩡한 사람도 살아남기 어려운 판국에 애꾸눈으로 어떻게 적을 물리치겠다는 것이냐?"

"백성을 구하는 의로운 일을 하는 것은 눈으로 하는 것이 아니라 마음으로 하는 것이라고 생각합니다. 부디 저를 거두어 주십시오."

"그렇다면 마구간에서 말을 돌보며 지내도록 하라. 말을 돌보는 일이야말로 정성을 다해야 하는 일이니 눈이 아니라 마음으로 해야 될 것이다."

기훤은 오만무례하게 굴었지만 궁예는 뜻을 이루기까지는 어떻게든 견디기로 마음먹었다.

'기훤의 행동을 보니 나를 포용할 만한 그릇이 못 되는구나. 참으로 마음이 침울하구나. 하지만 지금은 달리 다른 방법이 없으니 이곳에서 기회를 엿보아야 한다.'

그 날부터 궁예는 마구간에서 백여 마리의 말을 돌보며 지냈다. 그러나 날이 갈수록 궁예의 뛰어난 실력이 돋보였고, 기훤의 많은 부하가 궁예를 믿고 따랐다.

반대로 기훤은 부하들을 잘 다독일 줄 몰랐으며 권위적인 인물이었다. 부하를 함부로 다룰 뿐만 아니라 하인 취급하듯 했다. 그러자 기훤에게 반감을 품는 부하들이 늘었고, 궁예도 마찬가지였다.

"더는 기훤 밑에 있을 수가 없소. 북원(지금의 원주)의 양길 장군을 찾아가기로 합시다. 양길 장군은 포용력이 넓고 인재를 알아주는 성품을 지녔다니 그런 분 밑에서 일하는 것이 백 배 나을 것이오."

892년, 궁예는 기훤 밑에 있던 청길, 원회, 신훤 등과 함께 양길 밑으로 옮겨 갔다.

『삼국사기』에는 그 일을 이렇게 기록해 놓았다.

'궁예는 진성여왕 5년에 죽주의 기훤에게 몸을 의지하였는데, 기훤은 성품이 오만하여 궁예를 예로서 대하지 않았으므로 그는 울분에 싸인 나머지 몰래 기훤의 부하인 원회와 신훤 등과 결탁하여 북원의 양길에게로 갔다.'

양길은 궁예 일행을 따뜻하게 맞이했다.

"어려운 결정을 내렸으니 우리 함께 힘을 합쳐 어려운 나라를 새롭게 이끌고 백성을 편안하게 살게 합시다."

양길은 궁예의 능력을 금세 알아보았으며 특별한 배려를 해주었다.

"총 병력 1천 중 5백 명을 궁예 장군에게 편성해 주겠소. 동쪽으로 신라 영토를 침략할 수 있도록 군사 훈련을 강화시키도록 하시오."

양길은 궁예에게 군사 5백을 주어 치악산 석남사에 근거지를 두고 훈련시키게 했다.

『삼국사기』에는 궁예와 양길 두 사람의 만남을 이렇게 기록해 놓았다.

'궁예는 진성여왕 6년에 북원의 반란군이었던 양길의 휘하로 들어갔다. 양길은 궁예를 잘 대우하여 일을 맡겼으며, 군사를 주어 동쪽으로 신라의 영토를 공략하게 하였다.'

궁예는 군사들과 함께 생활하며 불평불만이 없게 했다. 같은 곳에서 자고, 같은 음식을 먹고, 훈련을 할 때면 명령만 내리는 것이 아니라 앞장서서 산을 오르고 무술 연습을 했다.

"궁예 장군처럼 모범을 보이는 장수가 있다면 어떤 군사가 불만을 품겠어?"

"아무렴. 부하들을 마치 친형제처럼 대해주니 절로 존경심이 우러나온다니까."

궁예는 부하들을 자신의 몸보다 더 아꼈다. 부하들이 먹을 밥이 없으면 자신이 굶고 그 밥을 부하에게 나눠주고는 했다.

궁예에 대한 소문이 퍼지자 현실에 불만을 품고 있던 수많은 농민이 궁예의 부하가 되기 위해 찾아왔다. 그리하여 궁예는 독자적인 세력을 확보할 수 있었다.

궁예는 뛰어난 지도력으로 세력을 키우며 강원도 일대를 점령해 나갔다. 강원도는 현실 개혁 성향이 강한 미륵신앙

금강 대청댐
금강에 설치된 대청댐. 북쪽에서 이주해온 곰의 후손인 백제인들은 새로운 도읍에 흐르는 강의 이름을 곰강이라고 불렀고, 곰강은 곧 금강으로 바뀌었다.

이 퍼져 있던 지역이기도 했다.

궁예가 다스리는 군사들은 날이 갈수록 칼과 창을 쓰는 솜씨며 말 타기, 활 쏘기 실력이 늘었다.

"우리가 힘겹게 훈련을 받는 것은 도둑 떼가 들끓는 이 땅에 못된 무리를 몰아내고 백성이 살기 좋은 나라를 만들기 위해서이다!"

궁예는 군사들의 기강을 바로 잡는 일에 온 힘을 다했다.

"궁예 장군이야말로 이 난세를 바로 잡기 위해 부처님이 보낸 참된 장군이야."

"어쩌면 부처님이 어지러운 신라를 바로잡게 하려고 궁예 장군이 되어 내려왔을지도 모르지."

군사들 사이에는 그런 말이 떠돌고 궁예를 미륵불이라고 여기는 사람도 많았다.

"궁예 장군은 군사를 이끌고 주천(지금의 예천)을 공격하라!"

마침내 양길로부터 공격 명령이 떨어졌다.

"드디어 시작이다! 내 오랫동안 가슴에 묻어뒀던 야망을 활짝 펴리라!"

궁예는 군사를 이끌고 주천(지금의 강원도 영월)을 공격하여 단 몇 차례의 싸움으로 쉽게 무너뜨렸다. 궁예는 곧바로 내성(지금의 강원도 영월), 율오(지금의 강원도 평창), 어진현(지금의 경상북도 울지) 등 여러 고을을 습격하여 모두 항복시켰다.

"성을 쉽게 무너뜨린 것은 모두 궁예 장군 덕분이다. 그동안 군사 훈련을 게을리 하지 않았기 때문에 군사들이 쉽게 성을 무너뜨릴 수 있었다."

"궁예 장군이 있는 한 우리 북원은 끝없이 세력을 넓힐 수 있다!"

궁예가 이끄는 군대는 가는 곳마다 승승장구했고, 군사들의 사기는 하늘을 찌를 듯이 높았다.

한편, 진성여왕 6년(892)에 견훤이 완산주(지금의 전라북도 전주)에 도읍을 정하고 후백제를 세웠다. 그 때 견훤의 나이 불과 26세였다.

그 일을 『삼국사기』〈신라본기〉에는 이렇게 기록되어 있다.
'진성여왕 6년에 완산의 도적 견훤이 그곳에 웅거하며 스스로 후백제라 칭하니 무주(지금의 광주광역시) 동남쪽의 군과 현이 그에게 항복하여 붙었다.'

'견훤이 이끄는 군사들은 경주의 서쪽과 남쪽에 있는 주와 현들을 치니, 가는 곳마다 모두 호응하여 달포 동안에 무리가 5천 명에 달하였다.'

견훤이 날로 세력을 키워가던 그 무렵에 궁예도 양길에게 크게 인정을 받고 있었다. 894년에 명주(지금의 강릉)를 공략할 때는 군사 3천 5백 명이 궁예를 따르고 있었다.

싸움에서 이길 때마다 궁예는 어떤 것도 혼자 차지하지 않았다.

"우리는 고생과 즐거움을 함께 나눈 형제다. 콩 하나도 공평하게 나누어야 한다. 혼자만의 이득을 앞세워서는 안 된다."

자신의 욕심만 채우지 않고 공평하게 나누는 궁예를 많은 사람이 믿고 따랐다.

"장군은 참으로 두려운 무장이야. 싸움은 반드시 승리로 이끌지만 자신의 이득을 위해서는 콩 한 톨도 욕심을 부리지 않으니 하늘에서 내린 부처가 분명해."

"아무렴. 그동안 많은 장군을 보았지만 궁예 장군처럼 부하를 제 몸처럼 아끼고 보살피는 사람은 한 명도 없었다니까."

사람들은 궁예를 두려워하는 한편 믿고 따르며 존경하는 마음도 컸다.

895년, 궁예는 강원도 북부 일대와 경기 지역을 거의 장악했고, 철원을 도읍으로 삼아 국가 형태를 갖추었다. 궁예가 전투마다 승승장구하자 궁예를 두려워하는 많은 호족들이 사람을 보내어 항복의 의사를 밝히기도 했다.

이렇게 궁예가 임진강과 한강 유역을 봉쇄하자, 송악(지금의 개성)에 기반을 두고 있던 왕륭 세력은 긴장하지 않을 수가 없었다.

"우리는 당나라하고 교역을 통해서 경제적인 기반을 확실하게 다져놓았다. 그런데 평양 이남, 예성강 이북쪽에 있는 많은 호족들이 궁예에게 항복하고 귀순하는 일이 많아졌으니 우리도 힘으로는 더 이상 버틸 수가 없다."

"궁예와 맞서 싸우는 일은 여러 가지로 불리한 일인데 어쩌면 좋단 말인가."

왕륭을 비롯한 송악의 호족들은 강원도를 거의 장악한 궁예 세력을 크게 두려워했다.

왕건의 등장과 견훤의 세력

마침내 896년, 송악의 호족 세력가였던 왕륭이 궁예에게 스스로 복종했다.

"우리는 군사적인 기반은 튼튼하지만 경제적인 기반은 턱없이 약하다. 왕륭의 항복은 내게 경제적인 기반을 튼튼히 해줄 것이다."

궁예는 왕륭의 항복을 몹시 반겼다.

"그대의 아들 건을 내 밑으로 들여보내어 나를 도와 큰 일을 할 수 있도록 하는 것이 어떻습니까?"

궁예는 무술 실력이 남다르며 성품이 너그럽고 두터운 왕륭의 아들인 왕건을 곁에 두고 싶어 했다.

"먼저 송악에 성을 쌓고 도읍으로 삼으십시오. 또한 내 아들 건을 성주로 삼으십시오."

궁예는 왕륭의 청을 받아들이기로 했다.

"왕건의 얼굴은 일각(관상에서 이마 한가운데 뼈가

공주의 금강철교
금강이 백제의 옛 수도 부여 부근을 지날 때에는 백마강이라는 이름으로 불린다. 부소산 근처에는 백제를 멸망시킨 소정방이 백마를 미끼로 해서 용을 낚았다는 조룡대가 자리하고 있다.

불거져 있는 모습)의 관상에 이마가 넓으니 일을 능숙하게 처리하는 재간과 능력이 크고 깊겠구나."

궁예는 그 자리에서 왕건을 철원군 태수로 임명했다. 그때 왕건의 나이 20세였다.

"왕건은 송악에 튼튼한 성을 쌓도록 하라. 송악은 앞으로 가장 중요한 곳이 될 것이다!"

송악은 지리적으로 몹시 중요했다.

송악은 예성강을 끼고 있어서 해안의 해상 활동에 편리

한 지역이었고, 황해도와 경기도의 평야 지대를 통치하기 좋은 곳이기도 했다. 궁예는 899년, 송악군을 새로운 도읍터로 정했다.

궁예는 누구보다 왕건을 신임했다. 왕건 특유의 온화한 천성과 성품은 능력 있는 부하들을 끌어 모으는 원동력이 되었으며, 위기에 몰렸을 때는 단호하고 과감하게 승부 기질을 발휘하여 난국을 헤쳐 나가고는 했다.

"역시 내 눈이 정확했어. 왕건은 앞으로 나를 도와 많은 일을 해낼 것이다."

궁예는 왕건의 도움으로 임강(지금의 경기도 장단 북쪽)을 점령한 뒤에 인물(지금의 경기도 기풍군 풍덕), 공암(지금의 경기도 양평), 금포(지금의 경기도 김포) 일대를 휩쓸고 바다를 건너 혈구진(지금의 강화도)까지 손에 넣을 수 있었다.

"이 정도로 영토를 넓힐 수 있었던 것은 모두 내 능력 덕분이다. 이제 나를 따르는 백성도 많고 영토도 넓으니 마땅히 왕의 자격이 있지 않은가."

장차 나라를 세우고 왕의 자리에 오를 계획을 세웠던 궁예는 관직을 체계적으로 정리하였다.

그 무렵 양길은 북원(원주)에 근거지를 두고 청주, 국원(충주)을 비롯하여 한강 남쪽의 광주(경기도 광주)에 이르기까지 30여 성을 거느린 강력한 호족이었다.

양길은 궁예가 독자적으로 국가를 세우려 하자 청주, 충주, 괴산의 청길, 원회, 신훤 등과 힘을 합쳐 궁예를 공격할 준비를 서둘렀다.

"감히 나와 맞서겠다니. 애꾸눈으로 군사를 이끌게 한 것이 누군데, 나를 배신해? 절대 용서할 수 없다!"

마침내 양길은 궁예를 공격했다. 그러나 궁예는 1만 기병을 거느리고 북상하는 양길 부대를 비뇌성(경기도 가평)의 한 곳에 몰아넣고 모두 죽여 없앴다.

양길은 겨우 부하 몇 명과 함께 달아났다. 그리고 양길을 따르던 세력은 900년에 왕건이 광주, 충주, 당성(화성군

남양), 청주, 괴양(괴산)에 이르는 지역을 토벌하는 과정에서 거의 대부분 복속되었다.

『삼국사기』〈신라본기〉'효공왕조'의 기사에는 그 일을 이렇게 기록해 놓았다.

'북원(지금의 강원도 원주)의 적수 양길은 궁예가 자신을 배신하였음을 미워하여 국원성(지금의 충청도 충주) 등 10여 곳의 성주들과 함께 궁예를 공격할 것을 모의하고 군사를 비뇌성 아래에 진군시켰다. 그러나 양길의 군대는 궁예의 군사들에게 패하여 달아났다.'

그런데 『삼국사기』〈열전편〉'궁예전'에는 내용이 조금 다르게 기록되어 있다.

'당시에 양길은 아직 북원에 있으면서 국원성 등 30여 성을 차지하고 있었다. 양길은 궁예의 땅이 넓고 백성이 많다는 소문을 듣고 크게 노하여 거느리고 있던 30여 성의 강한 군사를 동원하여 궁예를 습격하였다. 그런데 양길이 습격하려 한다는 사실을 궁예가 몰래 알아내고 먼저 공격하여 양길을 크게 물리쳤다.'

양쪽 다 궁예가 승리한 것을 기록하고 있지만 〈신라본기〉에서는 궁예의 배신에 화가 난 양길이 선제공격했다가 비뇌성에서 패했다고 했고, 〈열전편〉 '궁예전'에는 양길이 습격해온다는 첩보를 입수한 궁예가 선제공격을 해서 이겼다고 기록해 놓았다.

비록 승리를 거두었지만 양길과의 싸움에서 궁예의 진영도 큰 피해를 입었다. 많은 장수를 잃었고, 궁예도 팔에 화살을 맞아 중상을 입었다.

"양길의 주력 부대는 모조리 무찔렀으니 양길이 다시 일어선다는 것은 더 이상 불가능한 일이다. 그동안 양길에게 복속되었던 많은 성은 오늘부터 내 아래로 들어온다!"

궁예는 왕건을 파견하여 지금의 서울과 고양 부근의 호

설악산
설악산은 강원도 속초시와 양양군, 인제군, 고성군에 걸쳐 있는 해발고도 1,708미터의 산이다. 남한에서는 한라산과 지리산 다음으로 높은 산이다. 추석 무렵부터 눈이 내리기 시작하며 여름이 되어야 녹는 까닭에 이렇게 이름 지었다.

족들을 모두 복속시킨 가운데 마침내 송악성을 완성하기에 이르렀다.

"송악에 도읍을 정하고 나라 이름을 고려라 한다!"

901년, 궁예는 마침내 개국을 온 천하에 알리고 스스로 왕의 자리에 올랐다.

『삼국유사』의 〈왕력편〉에는 그 일을 이렇게 기록해 놓았다.

'신유년 즉, 901년에 궁예가 국호를 고려라 칭하였다.'

궁예가 첫 국호를 '고려'라 정한 것은 초기 점령지역이 고구려의 옛 땅이라는 사실에 주목했기 때문이다.

"고구려의 백성과 대소 신료들은 들으라! 과인은 옛 고구려의 혼이 깃든 이 터전에 다시 나라를 세우고 임금 자리에 올랐다. 그대들은 고구려의 영광을 한시도 잊지 않았을 것이다. 고구려의 도읍지였던 평양은 지금 황폐하여 잡초만 무성하다. 이 모든 것은 신라가 당나라의 병력을 청하여 고구려를 격파하였기 때문이다! 과인이 고구려의 원수를 반드시 갚고 말겠다!"

하지만 개국 초기의 이와 같은 궁예의 다짐은 끝내 지켜지지 않았다. 훗날 궁예는 고구려 후손들을 배척하는 정책을 펴기도 했다.

궁예는 신라 왕족 출신인데도 스스로가 옛 고구려를 망하게 한 원수를 갚기 위해 신라를 응징한다고 한 것에 대해 『삼국사기』〈열전편〉'궁예전'에는 이렇게 기록해 놓았다.

> '궁예는 날 때부터 신라 왕실에서 버림을 받았기에 그런 원한이 있는 까닭으로 이와 같은 말을 했다.'

한편으로는 궁예의 세력 근거지가 대부분 옛 고구려 땅이었기 때문에 자신은 신라 왕실 출신이면서도 그 지역의 정서를 감안하여 신라를 타도하고 옛 고구려의 원수를 갚겠다고 발언했을 수도 있다. 그 무렵에 송악이나 죽주의 박씨 세력들은 자신들을 '대모달'이라고 불렀다. '대모달'이란 예전 고구려에서 총사령관에 해당하는 사람을 일컫던 호칭이었다. 을지문덕, 양만춘도 대모달이었다. 고구려가 망한 지 230년이 지났지만 아직도 고구려의 성향이 강한 지역이었기 때문에 궁예는 신라를 타도하여 고구려의 원수를 갚겠다고 했을 것이다.

양길을 꺾은 궁예는 견훤의 근거지로 눈을 돌렸다.

"이제부터 나와 싸울 상대는 견훤이다. 견훤은 배짱도 세고, 용감무쌍한 무장이다. 삼국 땅이 견훤의 차지가 되느냐, 내 차지가 되느냐, 그것은 하늘만이 알고 있다!"

이미 신라는 기울대로 기울어 싸움의 상대가 못 되었고, 이제부터는 완산성에 후백제를 세운 견훤과 궁예의 대결만이 남아 있었다.

지금의 전라도 지역에서는 견훤의 후백제가, 경상도 쪽에서는 마지막 명맥을 유지하고 있는 신라가, 그리고 북쪽에서는 궁예가 고구려를 계승할 것을 표방하면서 각각 다른 나라를 세웠다. 마침내 후삼국 시대가 열린 것이다.

"왕이 되었지만 나는 승복 차림으로 정사를 돌보겠다. 왕으로서 백성을 다스리고 승려로서는 불교의 지배자로 군림하겠다!"

궁예는 부처님의 보살핌으로 몇 해 안에 삼국을 통일할

수 있다고 굳게 믿었다.

어느 날, 궁예는 많은 부하들을 데리고 영토의 남쪽을 돌아보며 영주의 부석사로 향했다.

그런데 절 벽면에 그려져 있는 신라왕의 초상화를 보는 순간 궁예는 칼을 빼어 들어 왕의 초상화를 힘껏 내리치며 외쳤다.

"나를 버린 신라를 반드시 멸망시키고 말겠다!"

그 자리에 있던 모든 사람들이 궁예의 이해할 수 없는 행동에 몹시 놀라고 당황해했다.

"신라 왕실에 맺힌 한이 많은 것은 알지만 부처님이 계시는 절에서 칼을 휘두르다니!"

"궁예 왕의 마음이 넓은 줄 알았는데, 오늘 하는 걸 보니 영락없는 소인배였어."

지금도 그날 궁예가 내리친 칼자국이 남아 있다고 한다.

김부식은 『삼국사기』에서 그 날의 일화를 들어 궁예가 신라에 대한 미움이 그 행동 속에 담겨 있다고 해석했다.

'궁예는 본디 신라의 왕자로서 선조를 도리어 조국의 원수처럼 여기고 없애버리려고 들어 선조의 그림까지 베었으니 너무도 어질지 못하였다.'

그러나 견훤이 후백제를 세우면서 "신라가 백제를 정복했고, 그것이 부당하므로 반드시 의자왕의 원수를 갚을 것이다."라고 주장했던 것처럼, 궁예 또한 기반으로 삼고 있는 패서(황해도, 평안도 일대) 지역의 호족들과 왕권의 연계를 단단히 하려 했던 행동으로 보는 견해도 있다. 신라 왕실과 진골 및 귀족에 철저하게 적대적 태도를 가진 것은 고구려계 호족들은 물론이고 신라 조정에 반감을 품고 있는 민심을 휘어잡고, 자신의 정당성을 보여주려는 것일 수 있다.

견훤은 휘하의 대신들 중에 대아찬 등 신라 벼슬을 내리기도 했다. 그것은 신라 귀족들을 자기편으로 끌어들이려는 의미였고, 골품 제도와의 일정한 타협일 수 있었다. 그러나 궁예는 철저하게 신라의 골품 제도를 무시했고 그 결과 신라의 귀족들은 궁예에게 투항하기를 꺼려했다.

반면에 왕건은 궁예에게 등을 돌리고 있는 신라 귀족의 세력을 이용하여 대권을 장악할 수 있는 계기를 마련할 수 있었다.

궁예는 평생 동안 신라 왕실에서 버림 받았다는 마음의 상처를 안고 살았다.

"나는 무식한 일관이 함부로 내뱉은 말 때문에 버림을 받았다. 나는 하늘에서 내린 영웅의 운명을 타고 났다. 박혁거세는 양산 밑 나정이라는 우물가에 번개처럼 이상한 기운이 땅에 닿도록 비친 곳에서 알의 형상으로 사람들에게 발견되었고, 김알지는 자줏빛 구름이 하늘로부터 땅에 뻗쳤는데 나뭇가지에 걸려 있던 황금 궤에서 나왔다고 했다. 내가 태어날 때 지붕 위에서 하늘까지 흰빛이 하늘로 뻗쳤다는 것은 천명을 타고 났음을 암시하는 것이 아니고 무엇인가. 그런데도 일관이 불길한 징조로 예언하고 나를 죽이려 했던 것이다. 하늘이 장차 왕위에 오르게 될 인물임을 암시했던 것인데 왕의 자리를 노리는 왕족들이 나를 두려워해서 죽이려 했다!"

설악산의 울산 바위
아주 먼 옛날 금강산에서 바위 경연 대회가 있었다. 울산 바위가 울산에서부터 걸어 올라오다가 설악산에서 잠시 쉬어 가게 되었다. 그런데 바위 경연 대회가 열리는 날까지도 설악산에서 금강산으로 가지 못하였고, 지쳐서 울산까지 되돌아가지 못한 울산바위는 오도가도 못 하고 설악산에 눌러앉게 되었다고 한다.

궁예는 이런 생각을 한시도 잊지 않고 신라에 대한 증오심을 키워갔다. 또 한편으로는 반드시 신라를 멸망시키고 삼국 땅을 재통일시킬 것이라는 야망을 키워나갔다.

그런데 시간이 지남에 따라 궁예는 송악에 도읍을 정한 것이 아무래도 마음에 걸렸다.

"송악은 탁 트인 곳이라 평화롭기는 하지만 한반도가 셋으로 나뉘어 있는 상황에서 긴급한 때를 대비할 수가 없다. 다른 도읍지를 찾아야 한다."

궁예는 좀더 산세가 깊으면서도 평야를 끼고 있는 곳으로 도읍을 옮기고 싶었는데, 그렇게 판단한 데에는 분명한 이유가 있었다.

"지금 내 밑에는 내가 원하는 신하들이 아니라 송악과 그 주변 패서인들로 채워져 있다. 따라서 송악에서는 정치적 한계를 느낄 수밖에 없으며, 나의 뜻을 제대로 펼칠 수 없다.'

궁예는 송악에서의 정치는 자기 기반마저 위협받을 수 있다고 여겼다. 또한 지지 기반이 강한 왕건을 은근히 경계했기 때문에 반드시 천도를 해야 한다고 생각했다.

궁예는 늘 왕건을 경계했다.

"왕건은 주위 호족들을 권력으로 휘어잡기보다는 그들의 권리를 인정하면서 안정적인 정치 기반을 굳히고 있다."

하지만 궁예는 왕건과 달리 자신의 강력한 힘으로 호족들을 규합하는 방법밖에 없었다.

"송악에 머물러 있는 한, 왕건을 따르는 호족들과의 마찰은 피할 수 없을 지도 모른다."

궁예의 야망과 호족들의 반감

 다음 해 902년 가을, 궁예는 새로운 도읍지를 찾기 위해 부하들과 함께 북으로 말을 달려 부양(강원도 평강) 쪽으로 향했다.

 "이곳이야말로 도읍지로는 가장 알맞은 곳이다."

 궁예는 월정리(지금의 철원과 평강의 중간) 서쪽에서 말을 멈추었다.

 그곳은 골짜기가 깊고 산이 높으며 강원도에서 가장 넓고 시원하게 트인 철원평야를 끼고 있는 곳이었다.

 "철원이야말로 새로운 세상을 꿈꿀 수 있는 가장 적합한 도읍지로구나! 이곳으로 도읍을 한다면 송악에서의 정치적 한계를 극복할 수 있을 뿐만 아니라 호족의 세력이 미약한 곳이니 새로운 세력을 얼마든지 키울 수 있다."

궁예는 천도 계획을 서둘렀다. 그런데 궁예의 결정을 두고 송악의 호족들이 불같이 일어났다.

"궁예가 쓸데없이 백성을 부역으로 내몰고 있다!"

"천도를 하려면 그 많은 비용은 모두 우리 주머니에서 나가게 된다. 하지만 우리는 한 푼도 내놓을 수 없다!"

"꼭 천도를 하려면 철원의 호족들에게 돈을 내라고 해라!"

궁예와 고구려계 호족간의 보이지 않는 전쟁이 시작되었지만 궁예는 자신의 뜻을 끝까지 굽히지 않았다.

그러나 한편으로는 궁예의 결정을 찬성하며 따르는 무리도 많았다.

"궁예처럼 백성과 자기 병사를 아끼는 사람도 없다. 궁예는 백성을 사랑하고, 병사를 사랑하는 군주다. 그런 군주가 천도를 강행하는 것은 좋은 나라를 만들기 위한 방편이다."

설악산의 신흥사
대한불교조계종 제15교구 본사인 통도사의 관리를 받는 절이다. 301년(신라 기림왕 4) 신본이 창건했다고 하나 이 때는 우리 나라에 불교가 들어오기 전이므로 신빙성이 없다. 초창기에는 건물이 110동에 이를 정도로 큰 절이었다고 한다.

철원을 천도지로 정한 뒤, 궁예는 견훤의 후백제를 적극적으로 공략할 방법을 찾기 시작했다.

"신라는 이미 망할대로 망해서 염려할 것은 없고, 견훤을 굴복시키면 견훤을 따르던 다른 호족들도 제 발로 와서 항복하질 않겠는가."

궁예는 왕건을 불러 그 일을 의논했다.

"저는 바닷가에서 자랐기 때문에 바다에 대해 잘 알고 있습니다. 해군을 만들어 견훤을 공략한다면 반드시 승리할 것입니다."

"해군이라? 참으로 좋은 계획이오. 그렇다면 이 일은 왕건 장군이 앞장서서 맡아주시오."

궁예는 왕건을 해군 대장군으로 임명했다.

"왕건 장군은 서둘러 후백제의 배후인 금성군(전라남도 나주)을 공략하시오. 그리고 전세가 불리하면 무리하지 말고 반드시 돌아오도록 하시오. 나에게 왕건 장군은 내 심장과 같으니 절대 위험에 빠지는 일은 없도록 하시오."

궁예는 왕건에게 1백여 척의 배를 이끌고 출병하라는 명을 내렸다.

해상을 통한 궁예의 첫 대외 원정이 시작되었다. 나라를 세운지 얼마 안 되는 시점에서 이처럼 먼 바닷길을 항해하여 원정에 나설 수 있었던 배경에는 그동안 왕건 가문이 해상 무역으로 부를 축적했음을 뜻한다.

"견훤 부대는 우리가 출병한 줄도 모르고 있다. 쥐도 새도 모르게 후백제군의 허점을 찔러야 한다!"

왕건은 고이도를 점령하고, 영산강에 진입하여 북상을 계속했다.

"적이다! 궁예군이 침입했다!"

허를 찔린 후백제군은 변변히 싸워보지도 못하고 왕건의 해군에게 금성군과 그 주위의 10여 개 성을 모두 빼앗겼다. 그렇게 해서 궁예는 왕건이 거느린 해상 세력에 의해 금성 정벌의 꿈을 이루었고, 마침내 해상권을 장악할 수 있었다.

『고려사』에는 왕건의 금성 원정을 이렇게 기록해 놓았다.

'왕건이 수군을 거느리고 광주 지경에 이른 뒤 금성군을 공격하여 이를 함락시키고, 10여 개의 군·현을 공격하여 쟁취하였다.

왕건은 금성을 나주로 고치고, 군사를 나누어서 수비하게 한 후에 개선하였다. 왕건이 돌아왔을 때 궁예는 그에게 영토의 변경을 어떻게 방비할 수 있는지 그 대책을 물었다.

왕건이 그 때 변경을 안정시키고 국경을 개척할 방책들을 진술하니 좌우의 사람들이 그를 주목하게 되었고, 궁예도 역시 왕건을 기특하게 여겨 벼슬을 알찬으로 높여 주었다.'

바다를 사이에 두고 멀리 떨어져 있는 금성을 공격한 것은 궁예의 군사 전략에 의한 것이었다. 만약에 왕건의 수군력을 흡수하지 못했다면 그런 계획은 세울 수 없었다. 궁예는 왕건의 탁월한 해상력을 이용해서 후백제의 배후를 공격함으로써 후백제의 군사력을 분산시킬 목적이었다.

그런데 왕건은 그곳에서 단순한 군사력 분산 뿐만 아니라 후고구려의 주둔지를 확보하고 그 지역 호족들을 포섭하는 대단히 큰 성과를 이루었다.

그런데 왕건이 금성에 가서 견훤과 손잡은 호족들과 전투를 벌이지 않았다는 견해도 있다.

그러니까 왕건은 함선을 몰고서 금성 포구로 진입하여 견훤 군대와 싸운 것이 아니라 아직 견훤에게 항복하지 않은 그 지역 호족 세력이 왕건에게 자진해서 투항했다는 것이다.

그런데도 『고려사』의 필자들은 자신들의 태조인 왕건이 용감하게 싸워서 나주를 차지하고 돌아온 것처럼 기술하였다고 분석하기도 한다.

『고려사』에는 903년에 왕건이 나주(금성)를 공략하여 장악한 것으로 되어 있는데, 6년 뒤인 909년에 또다시 왕건이 군사를 동원하여 나주를 공격하여 경략한 것으로 기록되어 있다. 또한 910년에는 견훤이 나주를 탈환하기 위해 작전을 벌인 것으로 되어 있다.

903년에 왕건이 나주를 확보했다면 7년 뒤에 또다시 나주 정벌에 나설 필요가 없었다는 것이다.

금성 공략의 성공으로 왕건은 백성에게 궁예를 능가하는 칭송을 받았다. 호족들은 궁예보다 왕건과 혈연적으로 맺어지기를 원했고, 왕건은 나주의 가장 큰 세력인 오씨 가문의 딸(나중의 장화왕후)과 혼인을 했다.

그리고 그 지역 호족들의 도움을 받으며 강력한 독자 기반을 구축할 수 있었다.

그렇게 되자 궁예는 날로 세력이 강해지는 왕건을 통제할 수 없었고, 결국 반쪽짜리 권력을 쥐고 있을 뿐인 처지에 놓이고 말았다.

금성 공략으로 배후에서 견훤을 위협할 수 있는 계기를 마련한 궁예는 다시 전쟁 준비를 했다.

"견훤의 반격이 반드시 있을 것이다. 성을 고쳐 쌓고 병사들의 훈련을 철저히 하도록 하라. 또한 백성을 친절하게 대하고, 백성의 곡식을 단 한 톨이라도 함부로 손대는 자는 엄벌에 처한다!"

금성을 점령한 왕건은 다가올 견훤의 반격을 서둘러 대

비했다. 그리고 점령한 금성의 이름을 나주로 고치고 군사들을 남겨 두어 그곳을 지키게 한 뒤, 돌아갔다.

"상대방의 후방을 공격하여 차지하고 방어를 튼튼히 하고 돌아온다는 것은 실로 힘든 일이다. 왕건 장군이 아니면 아무도 할 수 없는 일이지."

궁예는 보고를 받고 몹시 흡족해 했다.

나주 점령을 계기로 왕건의 활약은 계속되었다. 양주(지금의 양산)의 호족 김인훈이 주변의 다른 호족들의 위협을 견디지 못하고 궁예에게 복속할 것을 약속하고 구원군을 요청했다.

"양주는 비록 멀리 떨어진 곳이지만 신라 땅과 가까운 곳이다. 그곳에서 내게 복종하는 호족이 생긴다면 더할 나위 없이 좋은 일이다. 양주를 접수한다면 머지않아 신라를 공격할 때 버팀목 역할을 톡톡히 해낼 것이고, 또한 견훤이 먼저 신라를 넘볼 수 없도록 막을 수도 있다."

궁예는 왕건에게 군사를 이끌고 양주로 향하도록 했다.

"왕건 장군이 양주로 가서 주변의 호족들이 두 번 다시 양주 땅을 넘보지 못하도록 해놓으시오."

"예, 그 지역으로 출병은 처음이지만 그 쪽 지방의 형편을 미리 알아둔다면 훗날 큰 도움이 될 것입니다."

강원도 방동 계곡
강원도 인제군 기린면 방동리에 있는 계곡

왕건은 곧바로 기병을 이끌고 다른 호족들에게 점령당한 양주성으로 달려갔다.

"왕건이 군사를 이끌고 쳐들어오고 있다!"

"양주성을 버리고 후퇴하라!"

왕건이 기병을 이끌고 달려오자 성을 포위하고 있던 다른 호족의 군사들은 허겁지겁 달아났고, 왕건은 별 어려움 없이 양주 땅을 확보했다.

드디어 904년 7월, 철원 부근의 새로운 도읍이 완성되었다.

"새로이 조성될 도읍을 철원경이라 부르겠다!"

궁예가 송악을 버리고 철원으로 천도한 것은 왕건을 둘러싸고 있는 해양 세력 전반에 대한 억압 정책일 수도 있었다. 나주는 원래 궁예의 기반이었다. 그러나 나주 지역에 대한 패권을 이미 왕건에게 완전히 내준 상태였다. 궁예는 나주나 충주 같은 지역의 세력을 포섭하는 일에 철저하게 실패했던 것이다.

『삼국사기』〈신라본기〉에는 궁예가 철원으로 도읍을 옮기기 위하여 사전 준비를 했다는 기록이 있다.

'효공왕 7년, 궁예는 도읍을 옮기고자 하여 철원 부양 등지에 이르러 산수를 두루 살폈다.'

'궁예는 새로운 서울을 조성하는 데 있어, 궁궐과 누대를 대단히 사치스럽게 건축하였다.'

당시 궁예가 조성했던 철원경의 규모에 대해서는 조선 영조 때 편찬한 『여지도서』에 기록되어 있다.

'궁예의 도성이 철원군 북쪽의 풍천원에 있다. 옛 궁정이 있던 마을이라 해서 고궐동이라 불리는 곳이 있는데, 그곳이 이 궁궐터였다. 외성의 둘레가 1만4천4백21 척이고 내성의 둘레가 1천9백5 척이다(약14km).'

철원경의 터는 지금은 비무장 지대에 들어가 있다.

궁예는 철원 천도 준비 작업을 하면서 또다른 계획도 세웠다.

"새로운 도읍을 만들고 궁궐을 짓는 공사만 중요한 것이 아니다. 청주 백성 1천 가구를 새 도읍으로 이주시키겠다!"

궁예는 청주 사람들 1천 호를 새 도읍이 들어설 철원으로 옮겨 살도록 했다.

태백산 줄기
높이 1,567m인 산 정상에는 예로부터 하늘에 제사를 지내던 천제단이 있어 매년 개천절에 태백제를 열고 천제를 지낸다. 볼 거리로는 산 정상의 고산식물과 주목 군락, 6월 초순에 피는 철쭉이 유명하다. 태백산 일출 역시 장관으로 꼽히며, 망경사 입구에 있는 용정은 한국에서 가장 높은 곳에서 솟는 샘물로서 천제의 제사용 물로 쓰인다.

『삼국사기』에는 '청주 사람 1천 호를 철원성으로 옮겨 살게 하였다.'고 기록하고 있다. 호당 다섯 가족으로 계산했을 때 5천 명이 넘는 청주 사람을 새로 조성되는 철원경으로 집단 이주시켰다는 것이 된다.

"왜 하필이면 청주 사람들을 철원으로 옮겨 살게 하시려는 겁니까?"

많은 대신들은 궁예의 결정을 궁금해 했다.

"청주는 5소경 중의 하나인 서원경 사람들이다. 그들은 학식과 기반이 좋은 사람들이니 인재가 많을 것이고, 새 나라를 이끌어 가는데 많은 도움이 될 것이다."

겉으로는 그렇게 말했지만 궁예가 청주 백성을 철원경으로 옮겨 살게 한 데는 숨겨진 정치적 의도가 있었다.

"도읍을 옮기면서 청주 지역 백성들을 새 도읍지로 이주시킨다면 그들이 내 친위 세력이 될 수 있다."

궁예로서는 송악의 왕건 가문을 비롯하여 패서 지방의 호족 세력을 억누르기 위해서는 그런 조치가 불가피했다.

"우리가 서울 사람이 된단다!"

"우리 청주 사람이 새 서울로 이사가면 특별 대접을 받게 된대!"

청주 사람들은 앞 다투어 새로운 서울, 철원경으로 옮겨

가 터전을 잡았다.

그 이후에 궁예가 전제왕권을 추구하면서 청주 출신의 관료들과 청주의 호족 세력들은 궁예의 큰 지지 세력이 되었고, 버팀목이 되었다. 그 후에 궁예 정권의 문무요직은 청주 세력이 움켜쥐게 되었다.

훗날 왕건이 궁예를 축출하자, 궁예를 따르던 청주 출신 중앙 관료들이 왕건에 대항하여 모반을 일으키고, 청주 현지에서도 왕건에 대한 모반 사건이 일어나기도 했다.

미륵불을 꿈꾸는 궁예

새로운 도읍의 궁궐에서 궁예는 많은 군신들의 하례를 받았다.

"나는 나라 이름을 새로이 마진이라 하고 연호는 무태라 하겠다. 마진은 불가사의하고 한없이 위대하다는 뜻이고, 무태는 무(武)로써 태평성대를 이룬다는 뜻이다!"

하례식장에서 궁예는 느닷없이 새로운 국호와 연호를 선포했다. 일부 관료들은 궁예의 발표를 못마땅해 했지만 궁예는 뜻을 접지 않았다.

"신라, 백제 지역을 영토로 편입시키면서 고구려 중심의 국호를 계속 쓸 수 없다. 그러므로 고구려, 백제, 신라를 모두 포함하는 마진(대동방국이란 뜻)으로 바꾸는 것이

사자춤
놀이의 기원에 대하여 『삼국사기』〈신라본기〉에 이사부가 지금의 울릉도인 우산국을 정벌할 때 나무로 만든 사자를 이용하였다는 기록이 보인다.

옳기 때문이다."

궁예는 국호를 바꿈으로써 고구려의 회복에만 집중하는 것 같은 인상을 버리고, 삼국 통일의 의지를 강하게 내보인 것이다. 그러나 그것은 궁예의 뜻과는 다르게 고구려계 백성의 불안감과 반발을 가져오는 결과를 낳았다.

"궁예왕이 더는 왕권을 강화시키게 해서는 안 된다!"

"궁예는 우리 고구려계의 뒤통수를 칠 준비를 하고 있는 것 같구나."

새로운 도읍으로 옮긴 후, 궁예는 한강 유역은 물론이고 청주와 공주 일대까지도 빠른 속도로 세력을 확장해 갔다.

"나는 이곳에 새로운 세상을 세우겠다!"

날로 세력이 강해지는 궁예가 두려워지자 공주 장군 홍기가 찾아와 스스로 항복을 하고, 지금까지 완강하게 버티던 평양 장군 검용과 많은 호족들이 스스로 찾아와 항복을 했다.

"검용 장군이 도읍을 옮긴 기념으로 아주 기쁜 선물을 주었다. 비로소 대동강 이남 지역은 남김없이 내 손에 들어왔다. 이제 다른 지방과는 달리 일대 개혁을 통하여 독립된 호족들을 중앙으로 불러들이겠다!"

궁예는 다스리는 지역을 13개 구역으로 구분하고 구역마다 군대를 두어 군사령부를 설치하고 심복들을 우두머리로 파견했다. 그것은 중앙집권제를 강화하려는 목적이었다.

"호족들을 그냥 내버려두면 다시 힘을 키워서 나를 배신할 수도 있다. 중앙집권제를 실시해서 호족들의 세력을 약화시킨다면 절대 나를 배신하지 못한다."

궁예는 나라를 세울 때부터 중앙집권제를 실시한 견훤을 부러워하고 있었다.

"그 옛날 백제가 멸망한 것은 의자왕이 왕권을 강화하고 귀족들의 세력을 약화시켜서 중앙집권제를 실시하려다 실패했기 때문이다. 견훤은 그 사실을 거울삼아 처음부터 중앙집권제를 실시했던 것이다."

견훤은 즉위 초부터 중앙집권화를 꾀했던 탓에 후백제의 정국은 퍽 안정되어 있었다. 중요한 지역에는 아들이나 사위를 보내 다스리게 함으로써 반란의 여지를 완전히 차단시켰던 것이다.

궁예는 송악뿐만 아니라 그 일대 패서에 사는 호족이 모두 항복해 왔지만 그것이 나중에는 정치적으로 궁지에 몰리는 결과를 낳을 것임을 잘 알고 있었다.

아직 나라의 체제도 바로 잡히지 않고 과거제도도 없는 시절이라 송악에서 힘을 가진 인물들로 정계가 채워지게 마련이었고, 궁예는 송악의 고구려계 호족들을 경계할 수밖에 없었다. 많은 호족들은 왕실이 아닌 왕건과 혈연적 관계를 맺고 있었고, 그것은 왕건을 둘러싸고 있는 권력이 궁예를 넘어서고 있음을 잘 말해주고 있는 것이다.

송악으로부터 철원으로 천도하여 왕권을 강화시킨 궁예는 남쪽의 후백제와 본격적으로 세력 경쟁을 벌였다.

906년, 궁예는 왕건에게 견훤이 차지한 상주를 빼앗으라는 명령을 내렸다.

"우리가 상주를 차지하지 못하면 장차 신라로 진격할 통로를 잃게 된다. 왕건 그대가 군사를 이끌고 달려가 상주 사화진으로 가서 백제왕 견훤과 겨루도록 하라."

궁예는 왕건에게 군사 3천 명을 내주어 즉시 상주를 치게 했다.

상주 사화진 전투는 견훤과 왕건이 직접 군사를 지휘하여 대적한 첫 대결이었다.

"우리 백제가 신라를 공격하려면 침투로가 남쪽으로는 대야성을 거쳐서 가는 것과 나제통문을 빠져나와 이쪽 상주 일대를 통해서 가는 길밖에 없다. 상주를 잃게 되면 궁예가 신라로 가는 길을 차단할 방법이 없다!"

견훤도 상주가 얼마나 중요한 곳인지 잘 알고 있었기 때문에 빈틈없이 전투태세를 갖췄다.

"왕건이 군사를 이끌고 쳐들어왔다! 전투 경험이 많지 않는 왕건에게 상주를 내주는 것은 실로 부끄러운 일이다! 모두 맞서 싸워라!"

견훤은 앞장서서 군사를 지휘했고, 왕건도 군사를 이끌었다.

"견훤이 비록 신라 정규군의 실력 있는 장수였지만 이제는 이빨 빠진 호랑이에 불과하다! 겁 먹지 말고 밀고 들어가 백제군의 목을 쳐라!"

결국 상주 사화진 전투는 왕건의 승리로 끝났다.

『고려사』에는 그 전투를 간단하게 기록해 놓았다.

'왕건은 사화진에서 견훤과 여러 번 싸워서 이겼다.'

기록에는 왕건이 사화진 전투에서 승리를 거두었다고 했지만 신라 인근 지역에서 두 세력의 다툼은 그 뒤로도 계속 이어졌다.

『삼국사기』〈신라본기〉에는 905년 무렵의 신라 상황을 이렇게 기록해 놓았다.

'효공왕 9년 8월, 궁예가 군사를 일으켜 거느리고 우리 신라의 변읍을 침입하여 죽령 동북에 들어오므로, 왕은 강토가 날로 줄어감을 듣고 심히 근심하나 힘으로 능히 이를 막을 수 없었다. 왕은 모든 성주들에게 명하여 나가서 마주쳐 싸

우는 것을 삼가고 성문을 굳게 닫고 수비만 하라고 하였다.'

궁예는 영토를 넓혀가는 한편, 왕권을 강화시키는 일에 힘을 기울였다. 정치적, 경제적, 군사적 세력을 어느 정도 갖춘 왕건과는 달리 모든 면에서 왕건보다 기울었던 궁예는 자신의 처지를 정확하게 파악하고 있었기 때문이다.

"전장에서는 뛰어난 장수로, 정치에서는 강력한 왕으로 군림하는 견훤처럼 강한 나라, 힘 있는 왕이 되겠다!"

중앙집권화를 강화시키려는 궁예의 정책은 호족들의 권리를 제한함으로 많은 반발에 부딪칠 수밖에 없었다.

"지금까지는 항복만 하면 그 고을을 우리들이 독자적으로 다스렸는데 느닷없이 중앙의 지시를 받으라니, 왕실을 더욱 강대하게 해서 호족의 힘을 죽이자는 작정이구나."

"애초에 항복만 하면 우리 맘대로 마을을 다스리도록 해주겠다던 약속을 어기다니!"

궁예는 이러한 호족들의 반발을 무시하고 계속 중앙집권제를 강화시켰다.

또한 고구려계 호족과 신라 조정에 등을 돌린 민심들에게 자신의 정당성을 밝히기 위해 신라 조정을 철저히 경멸했다.

모내기
세계적으로 보면 인도에서는 기원전 7,000~5,000년대에, 중국에서는 기원전 5,000년 경에 벼를 재배하였다고 한다. 한국에는 기원전 2,000년 경에 중국으로부터 들어온 것으로 알려져 있다. 이러한 사실은 선사시대 유적지에서 발굴된 탄화된 쌀이나 벼의 탄소 동위원소 연대추정 및 기타 고고학적 증거로부터 짐작할 수 있다.

"앞으로 나는 신라를 망할 놈의 나라 '멸도'라고 부르겠다! 누구도 신라라는 말을 입에 올리지 말라. 대신 반드시 멸도라고 부르라!"

신라에 대한 원한이 뼈에 사무쳤던 궁예는 신라에서 찾아온 사람이라면 모조리 죽여 버렸다.

"내가 세상에서 제일 증오하는 인간은 글줄이나 읽는답

시고 신라 조정에서 굽실대던 자들이다. 그런 자가 내 앞에 나타나면 내 칼이 용서하지 않겠다!"

역사서는 승리자의 기록이다. 그러다보니 궁예가 신라 출신이면서도 투항해 온 신라인들을 모두 죽일 정도로 문제가 많은 왕이었다는 것으로 왜곡해서 기술했을 수도 있다.

『삼국사기』에는 궁예가 송악에 도읍을 정하고 왕건을 내세워 중부 지방을 대부분 세력권 하에 두면서부터 하루가 다르게 광폭해졌다고 기록하고 있다. 그러나 그것은 한층 강해진 왕건 세력이 궁예를 없애기 위한 준비를 그 때부터 본격적으로 시작했음을 암시하는 내용이라고도 볼 수 있다.

궁예는 힘없는 백성이 군대에 들어오면 몹시 환영했다.
"나와 힘을 합쳐 어지러운 나라를 바로 세울 각오를 한 그대 같은 무장이 있는 한, 우리는 반드시 삼국 땅을 통일할 수 있을 것이다."

나중에 왕건을 위해 많은 일을 했던 백옥 같은 군관은 병사로 시작하여 군관에 오른 대표적인 인물이었다.

궁예는 힘없는 백성과 군사를 먼저 생각했던 만큼 군사를 일으키는 데도 몹시 신중했다.

"어찌하여 신라를 공격하지 않으십니까? 이제 상주도 차지했으니 신라로 쳐들어가는 길이 뚫렸습니다."

"군대를 움직이면 백성이 받는 고통은 이루 말할 수 없이 크다. 군사는 꼭 필요할 때만 일으켜야 한다."

많은 장수들은 궁예가 허수아비에 불과한 신라를 공격하지 않는 이유를 궁금해 했다.

"신라는 천 년 동안 지켜온 나라다. 섣불리 서라벌을 공격했다가는 낭패를 당할 수 있다. 만약에 견훤이 신라와 한통속이 되어 대항한다면 우리가 불리해지고, 신라를 따르는 민심이 우리를 가만두지 않을 것이다. 견훤 또한 신라를 점령할 수 있는 충분한 군사력을 지녔음에도 불구하고 신라 공격을 서두르지 않는 이유가 거기에 있다."

궁예는 몇 년 동안 전쟁을 하지 않았다. 상대방의 공격에 수비하기 위해 군사를 일으킨 것이 전부였다. 지난날 왕건의 해군에 의해 허를 찔렸던 견훤이 보복을 하기 위해 보병과 기병 3천을 거느리고 나주를 쳐들어오자, 궁예는 오랜만에 군사를 일으켜 왕건으로 하여금 견훤 부대를 물리치게 했던 것이다.

궁예는 911년, 국호를 태봉으로 바꾸고, 연호를 수덕만세로 고쳤다.

"나는 미륵불이다. 어지러운 나라를 바로잡기 위해 삼국 땅에 내려온 미륵불이니, 모든 백성은 내 말을 믿고 따르면 먼 훗날 부처님 나라에서 살 수 있게 될 것이다!"

궁예는 스스로를 미륵불이라 부르며 맏아들 청광은 청광보살, 둘째 아들 신광은 신광보살이라 불렀다. 그리고 머리에 금 고깔을 쓰고 승려 옷을 입고서 항상 백마를 타고 궁 밖을 나가고는 했다. 비단으로 말갈기와 꼬리를 장식하고 소년소녀들로 하여금 양산과 향, 꽃을 받쳐 들고 앞을 인도하게 하였다.

『삼국사기』에는 그 일을 이렇게 기록해 놓았다.

'선종 궁예는 스스로 미륵불을 칭하고, 머리에는 금책을 쓰고, 몸에는 방포를 입고, 맏아들을 청광보살이라 하고, 둘째 아들을 신광보살이라 하며, 밖으로 나갈 때면 항상 백마를 타고, 비단으로 말머리와 꼬리를 장식하였으며, 남녀 아이들로 하여금 깃발과 우산과 향과 꽃을 들게 해서 길을 인도하게 하고, 비구승 2백여 명에게 명령하여 범패(석가여래의 공덕을 찬미하는 노래)를 하면서 그의 뒤를 따르게 하였다.'

궁예는 불경 20여 권을 저술하기도 했다.

"나는 미륵불이다. 미륵불이라면 당연히 부처님의 말씀을 제대로 전해야 한다."

궁예는 관료나 승려들 앞에서 자신이 쓴 불경을 강론하

기도 했다.

『삼국사기』〈열전〉에는 궁예가 지었다는 불경 20권에 대해 이렇게 기록해 놓았다.

> '궁예는 또한 스스로 불경 20여 권을 지어냈는데, 그 내용이 요망하여 모두 바르지 않았다.'

궁예가 지었다는 불경은 전해지지 않는다. 하지만 궁예가 지은 경전이라는 내용의 일부인 '함흠무가'가 남아 있다.

> '지나간 세상에 미륵이 석가와 함께 도를 닦았는데, 먼저 도를 이루는 자가 세상에 나가 교를 펴고 다스리기로 하였다. 한 방에 같이 자면서 무릎 위에 먼저 모란꽃이 피는 자가 이기는 것으로 내기의 원칙을 삼았다. 그날 밤 석가가 거짓으로 잠든 체하고 미륵을 바라보니 무릎에서 꽃이 피어오르고 있었다. 이에 석가는 도둑의 마음으로 그 꽃을 꺾어서 자기 무릎에 꽂았다. 미륵은 그것을 알고 석가에서 더럽다고 욕하면서 먼저 세상을 다스리라고 하였다. 그러므로 석가의

시대에는 사람들이 도둑의 마음을 가지게 되었다. 하지만 지금이야말로 미륵인 나의 시대다.'

기와집
『삼국유사』에는 헌강왕 치세 무렵에는 서울로부터 동해 어구에 이르기까지 집들이 총총히 늘어섰지만,.단 한 채도 초가집을 볼 수 없었다고 기록해 놓았다.

궁예는 자신이 지은 불경을 많은 사람들이 읽게 하였다. 그런데 석총이라는 승려가 궁예가 지은 경전을 읽고 크게 화를 냈다.

"이렇게 부처님을 모독하다니! 이것이 무슨 불교 경전이란 말인가? 모두가 요사스러운 말이요, 괴이하기 짝이 없는 이야기일 뿐이다. 이런 경전으로 중생을 가르칠 수는 없다!"

그 말은 곧바로 궁예의 귀에 들어갔다.

"감히 과인이 지은 경전을 요사스럽고 괴이하다고 하다

니! 그 중놈을 철퇴로 쳐 죽여라!"

『고려사』에는 '궁예가 석자 길이의 쇠방망이를 만들어놓고 죽이고 싶은 자가 있으면 그것으로 때려죽이거나 그것을 불에 달궈서 지져 죽였다.'라고 기록하고 있다.

"과인은 세상을 구하려 내려온 미륵불이다! 아무도 과인을 속일 수 없다! 과인을 믿고 따른다면 현생은 물론이고 다음 생에서도 복 받은 삶을 살게 된다!"
궁예는 날이 갈수록 미륵불에 집착했다.

궁예로서는 도읍을 옮기고 국호를 바꾸면서 민심을 하나로 모을 수 있는 통치 수단이 필요했다. 강원도에는 미륵 신앙이 강하게 퍼져 있는 곳이었고, 궁예는 그것을 정치 수단으로 이용했을 수 있다.
궁예는 미륵신앙을 바탕으로 반 신라세력을 규합하고 국가를 건설하려 했던 것이다.

군신 회의에서 원회가 궁예에게 간곡하게 말했다.

"마마, 천하를 잡으려면 넓은 포용력으로 백성을 대하고 만물을 쓰다듬을 줄 알아야 합니다. 부디 마음의 미움을 푸시어 신라와도 화친을 맺어 나라의 안녕을 꾀하는 것이 옳을 것입니다."

그 말에 궁예는 몹시 화를 냈다.

"원회 이놈! 감히 그따위 말을 내게 하다니! 그동안의 충정을 높이 사서 오늘의 말은 안 들은 것으로 하겠지만 두 번 다시 그런 말을 입에 올렸다가는 네 목숨을 보존하기 어려울 일이다!"

이 시기를 전후해서 궁예와 신하들의 충돌은 극도로 심해졌다.

"무슨 일이 있어도 중앙집권체제를 확립해서 왕권을 강화해야 한다. 호족들과 관료들의 세력을 죽여야 반란이 일어나지 않는다."

그 무렵에는 당나라가 망한 시기였고, 당나라에 유학 가 있던 수많은 인재가 귀국을 서둘렀다.

"당나라는 선진문물을 일찌감치 받아들여 우리보다 여러 모로 앞선 제도를 지녔다. 당나라의 제도를 도입한다면 훨씬 강한 나라로 이끌 수 있다."

궁예는 당나라에서 공부를 하고 돌아온 인재들을 불러 모아 측근에 두었다.

궁예는 뛰어난 인재들을 등에 업고 호족들의 지지 없이 개혁 정책을 시도했던 것으로 짐작된다.

"궁예왕이 우리 호족을 이빨 빠진 호랑이로 만들려고 한다!"

"당나라에서 돌아온 인재들을 등에 업고 우리들을 업신여기고 있어!"

"우리가 없었다면 감히 어떻게 새 나라를 일으켰을까. 더 이상은 궁예 왕의 꼭두각시 노릇을 할 수 없다!"

많은 호족들이 강하게 반발했고 궁예는 혼자 힘으로 그들의 반항을 극복하기란 결코 쉬운 일이 아니었다.

"한 사람의 힘으로 궁예왕을 물리칠 수 없다. 모두 힘을 합쳐야 한다."

"어차피 우리 호족들이 반발을 해서 등을 돌리면 궁예왕은 허수아비 왕에 불과하지."

호족들은 조직적으로 궁예에게 대항했고, 궁예는 군신들을 억압하는 정책으로 맞섰다.

궁예는 끊고 맺음이 분명하고 과감하고 치밀한 성격이었다. 자신이 불리할 때면 내심을 숨겨 때를 기다리고, 유리할 때에는 가차 없이 속내를 드러내 힘을 과시하고는 했다. 자신에게 필요하고 뛰어난 사람에게는 매우 너그럽고 찬사를 아끼지 않았지만 반면에 능력 없는 인물이라고 판단이 들면 잔인할 정도로 짓밟아 버리고는 했다. 그러한 궁예도 왕건의 말만은 귀담아 듣고는 했다.

911년, 궁예는 왕건과 함께 후백제를 공격할 계획을 세웠다.

"단숨에 남으로 밀고 내려가서 견훤의 후백제와 신라를 무찌르는 것이 어떻겠소? 그런 다음 군사를 북으로 돌려 발해 땅을 차지하는 것이 좋을 것 같은데. 요서에 들어온 거란이 동쪽으로 침범을 계속하여 지금 발해의 운명이 위태롭다는데, 까딱 잘못했다가는 압록강 이북의 우리 조상 땅을 적의 손에 넣어줄까 걱정이오."

"신라는 이미 아무런 힘도 없습니다. 그러나 견훤은 뛰어난 장수입니다. 비록 덕이 부족하기는 하지만 이미 견훤의 세력은 천하를 호령할 만큼 강해졌습니다. 견훤과 크게 싸워 서로 지친다면 북진은 고사하고 가까스로 차지한 지금의 강토마저 거란 손에 넘겨주는 꼴이 될 수도 있습니다."

"견훤이 그렇게 강한가?"

"용맹한 장수입니다. 그러나 덕이 부족한 인물이라 언젠가는 반드시 중도에 실패할 것이니 때를 기다리는 것이 옳을 듯합니다."

국악 연주
삼국 시대의 한국 고유의 음악은 조선 전기에도 거의 전해 내려오는 것이 없고, 고려 시대의 향악(고려 시대에서는 속요라 했다)도 차차 자취를 감추었다. 고려 시대의 속악으로서 조선 후기까지 전승된 것은 정읍사(井邑詞)·동동(動動) 등의 몇 곡에 불과하다.

궁예는 왕건의 말을 받아들여 후백제 공격을 멈추었다.

하지만 자신의 뜻을 반대하는 세력은 절대 용서하지 않았다.

어느 날 궁예의 부인 강비가 찾아와 간곡하게 말했다.

"부디 마마께서는 마음의 평정을 되찾으시어 덕 있는 성군이 되십시오. 죄 없는 사람을 죽이는 것은 민심을 죽이는 것과 다를 바 없습니다."

"내가 옳지 못한 일을 하고 있단 말이오?"

강비의 바른 말에 화가 난 궁예는 엉뚱한 말로 트집을 잡았다.

"왕비께서 다른 사람과 간통하니 어찌된 일이오?"

그 말에 강비는 펄쩍뛰며 대답했다.

"어찌 그런 일이 있겠습니까? 그런 일은 절대로 없습니다."

그러나 궁예는 강비를 노려보며 무섭게 꾸짖었다.

"나는 미륵불이다. 나는 사람의 마음을 읽는 관심법(觀心法)으로 능히 사람들의 마음속을 알 수 있다. 만약 내 관심법을 거스르는 자가 있다면 곧 형벌을 내릴 것이다. 나는 관심법으로 그동안 네 간통을 다 보고 있었으면서도 모른 척 했거늘 감히 나를 가르치려 든단 말이냐?"

궁예는 쇠공이를 뜨겁게 달궈 강비를 죽였다. 그리고 두 아들도 그 자리에서 죽여 버렸다. 궁예는 자신의 왕비가 자신의 관심법을 인정하지 않았다는 것에 분노를 느끼고 두 아들과 함께 그 자리에서 죽인 것이다. 결국 막내 아들

순백만 살아남았다.

궁예의 막내 아들 순백은 살아남아 나중에 광산 이씨 시조인 종금의 조상이 되었다.

어떤 역사학자들은 궁예가 광기 때문에 부인과 두 아들을 죽인 것이 아니라 호족들의 힘을 억제하기 위해서 죽였다고도 한다. 강비의 집안 역시 패서 일대의 호족으로 정치적으로 왕후 자리에 올랐을 가능성이 높다. 하지만 이미 궁예는 패서 지역에 대한 압박을 시작하고 있었고, 강비와 궁예는 부부가 아니라 일종의 정치적인 적의 입장이 되어 버리고 말았을 것이다. 강비는 왕비라는 위치에서 패서 지역 호족의 멸망을 막으려다 죽임을 당했을 수 있다고 보는 견해도 있다.

또한 왕건 세력에 대해 경종을 울리기 위해 시범적으로 죄를 물어 처벌하고 엄중하게 했다고도 한다. 궁예는 강한 세력을 등에 업고 있는 왕건을 완전히 통제하기 어려웠지만 군사적 실권을 장악하고는 있었다. 궁예는 이미 왕건이 반감을 품고 있음을 의심하면서도 별다른 처벌을 내릴 수가 없었다. 그런 상황에서 왕건의 수족을 잘라내는 부분적 숙청을 단행해야 했고, 결국 왕비의 가문까지 숙청했을 가능성이 높다.

"왕비와 왕자를 모두 죽이다니. 인간 탈을 쓰고 어떻게 그런 잔인한 짓을 한단 말인가."
"의심이 많고 성내기를 잘하여 모든 관리, 장수, 평민 모두 죄 없이 죽음을 당해야 하니, 그런 왕을 어떻게 떠받들고 살겠는가?"
부양과 철원 사람들은 궁예의 난폭한 정치에 두려움에 떨며 지냈다. 곳곳에서 역모설이 들끓었고, 그로 인해 참소 사건은 더 많이 벌어졌다.

『삼국사기』〈열전〉에는 궁예가 왕비를 죽인 뒤의 일을 이렇게 기록해 놓았다.
'그 뒤로부터 궁예는 모든 것을 많이 의심하고 불같이 성을 내니 위로는 관료와 장군들, 그리고 아래로는 평민에 이르기까지 무고하게 죽음을 당하는 사람이 빈번하였다. 철원 사람들은 그 혹독한 폭정에 견딜 수가 없었다.'

날로 난폭해지는 궁예를 보면서 왕건은 더욱더 몸을 낮추었다.

'바른 말을 하는 충신은 결코 살아남을 수가 없구나. 애써 나라를 세우고도 충신들을 모두 죽이고 멀리하고 있다니, 참으로 안타까울 뿐이로다.'

왕건은 될 수 있으면 궁예 가까이에 머물려하지 않았다.

『고려사』에는 그 무렵의 왕건 행동을 이렇게 기록해 놓았다.

'왕건은 국사를 논할 때도 언제나 감정을 억누르고 조심하면서 뭇 사람들의 인심을 얻기에 힘을 썼고, 또한 착한 일을 좋아하고 악한 자를 미워하였다. 따라서 군대의 장수들이나 종실들, 그리고 지혜있고 학식 있는 무리들이 모두 왕건에게로

마음이 쏠려서 그의 뒤를 따르지 않는 자가 없었다.'

결국 생명의 위협을 느낀 왕건은 914년에 자청해서 재상 직에서 물러나 나주로 내려갔다.

나주는 왕건의 둘째 부인인 오씨(훗날의 장화왕후, 고려 제2대 혜종의 모)의 고향인데다 왕건이 무장으로써 큰 공을 세워 세상에 이름을 알린 곳이기도 했다. 또한 최대의 난적인 견훤이 호시탐탐 노리는 곳이기도 했다. 왕건은 나주를 정치적 도피처로 삼았다. 그런데 전혀 엉뚱한 곳에서 왕건을 도와주게 되는 사건이 생겼다.

918년에 왕창근이라는 사람이 당나라로부터 와서 철원에 머물고 있었다. 하루는 왕창근이 저잣거리에 나갔는데, 웬 사람이 나타나 그를 불렀다.

"이 거울을 사겠소?"

생김생김이 시원스럽고, 수염이 하얀 사람이 옛날 의관을 입고 왼손에는 도마를 든 채 거울을 내밀었다.

왕창근은 쌀을 주고 거울을 샀다. 그런데 노인은 왕창근에게 받은 쌀을 거리의 거지 아이들에게 모두 나눠주고 홀연히 사라졌다.

"이상한 노인이로구나."

왕창근은 노인에게서 산 거울을 벽에 걸어두었는데, 해가 거울에 비치자 이상한 일이 일어났다. 작게 쓴 글씨가 거울에 나타났던 것이다.

'하느님이 아들을 용과 말에 내려 보내
먼저 닭을 잡고 뒤에는 오리를 칠 것이며
사년(巳年)에는 두 용이 나타나는데
한 용은 푸른 나무속에 몸을 감추고
한 용은 검은 쇠 동쪽에 나타난다.'

"거울 안에 글씨가 있는 줄도 몰랐는데, 보통 거울이 아니로구나."

상여
상여라는 말이 처음으로 쓰인 이재의 『사례편람』에 따르면, "대여(大輿)는 가난한 사람들이 구하기 힘들므로 상여를 사용해도 무방하다"고 쓰여 있다. 『세종실록(世宗實錄)』·『순종국장록(純宗國葬錄)』에 따르면 대여는 국장에 사용되는 기구였다고 한다. 상여의 기원이나 발생은 기록이 없어 확실한 내력은 잘 알 수 없다. 다만 중국에서 전래된 것으로 추측하고 있다.

왕창근은 거울을 궁예에게 가져갔다.

"그 노인이 어디에 사는지 당장 찾아오도록 하라. 반드시 찾아내어 저 거울 안에 쓰인 글의 내용을 알아내야 한다!"

궁예는 군사들에게 노인을 찾아오게 했으나 노인은 끝내 찾지 못했다.

"철원에 있는 발삽사라는 사찰의 '치성광여래' 불상 앞에 낡은 상 하나가 있는데 그 상의 인물이 거울을 판 노인 모습과 똑같다고 합니다."

궁예는 송사홍, 백탁, 허원 등에게 거울 속에 쓰여진 글을 풀이하도록 명을 내렸고, 세 사람은 머리를 맞대고 의논을 했다.

"하느님이 아들을 용과 말에 내렸다는 것은 진한과 마한을 이르는 것이고, 두 용이 나타났는데 한 용은 푸른 나무 속에 몸을 감추고, 한 용은 쇠 동쪽에 형상을 나타낸다는 것은 푸른 나무는 소나무니 용으로 이름을 지은 송악군 사람의 자손으로 지금 파진찬 시중(왕건)을 이르는 것이며 검은 쇠는 철이니 도읍한 철원을 이르는 뜻입니다."

"이제 왕이 처음으로 여기에서 일어났다가 마침내 여기에서 멸망할 징조이며 먼저 닭을 잡고 오리는 친다는 것은 파진찬 시중이 먼저 계림을 빼앗고, 뒤에 압록강을 차지한다는 뜻입니다."

거울의 내용은 '축(丑)이 멸하리니, 융성할 유(酉)를 기다리라' 는 뜻이었다. 유는 정유년 닭띠(877년) 생인 왕건을 칭하는 것이고, 축은 헌안왕의 서자로서 정축년 소띠(857년) 생에 출생한 것이 확실한 궁예를 칭하는 것이 된다.

"지금 왕이 이렇게 포악하고 미치광이 같은데 우리가 만일 사실대로 말한다면 우리는 물론이고 파진찬도 목숨을 보존하기 어려울 것입니다."

"파진찬과 연관되지 않게 최대한 좋은 쪽으로 해석해서 보고하도록 하지요."

세 사람은 궁예를 찾아가 왕건과는 아무 상관없는 뜻으로 설명했다. 그러나 궁예는 의심의 눈초리를 풀지 않고 즉시 왕건을 불렀다.

"시중이 나를 배신하고 어젯밤 역모를 꾸몄는데, 그 죄를 알고 있는가?"

궁예가 그런 질문을 하자 왕건은 목숨이 위태로움을 느꼈다. 그런데 궁지에 몰린 왕건을 구해준 사람은 장주 벼슬을 하고 있던 최응이었다. 최응은 궁예의 명령을 받아 적다가 붓을 떨어뜨린 척하며 왕건에게 속삭였다.

"사실이라고 하십시오."

왕건은 최응이 하라는 대로 했다.

"예, 마마. 잠시 불충한 마음을 먹고 역모를 꾸몄습니다. 마마의 관심법은 피할 재간이 없으니 벌을 내려 주소서."

왕건의 말에 궁예는 흡족한 표정을 지었다.

"그러면 그렇지. 내 관심법은 결코 틀림이 없지."

궁예는 더 이상 죄를 묻지 않고 오히려 왕건에게 금은으로 꾸민 말안장을 선물로 내렸다.

"솔직해서 목숨을 구했구나."

『고려사』에는 왕건이 최응의 도움을 받아 가까스로 궁예의 미륵관심법의 함정을 벗어났다고 했지만 일부 학자들은 달리 해석하기도 한다. 궁예가 아무 이유없이 왕건에게 미륵관심법을 내세워 올가미를 씌우려 했던 것이 아니고 실제로 왕건이 역모를 꾀하고 있었고, 그 낌새를 눈치 챈 궁예로부터 추궁을 당했다고 짐작하기도 한다.

『고려사』에는 왕건이 역모를 꾀하고 있었다는 것을 증명할 만한 기록이 있다.

'왕건의 나이가 서른이었을 때 어느 날 꿈을 꾸었는데, 꿈에 9층 금탑이 바다 한가운데 서 있었고, 왕건이 그 탑 위로 올라갔다.'

바다 해(海)는 천하를 의미하는 것이며 9층 금탑이 바다에서 솟아 있고, 왕건이 그 위로 올라갔다는 것은 왕건이 온 천하를 제압했다는 뜻이 된다. 금탑은 군왕의 색깔이므로 나이 서른에 그런 꿈을 꾸었다는 것은 왕건이 오래 전부터 궁예를 배반할 뜻을 품고 있었음을 짐작할 수 있게 한다. 최응 같은 궁예의 측근마저도 왕건을 돕고 있는 것으로 보아 왕건이 거사를 위해 얼마나 치밀한 준비를 하고 있었는지 알 수 있다.

궁예의 최후와 왕건의 새로운 시대

이미 궁예는 관료들에게 모든 신임을 잃은 뒤였고, 흉포한 일을 제멋대로 저지르는 왕 앞에서 모두들 두려움에 떨며 어찌할 바를 몰랐다.

어느 날 밤, 삼능산(신숭겸), 홍술(홍유), 백옥삼(배현경), 복사귀(복지겸) 등이 왕건을 찾아갔다.

"지금 왕이 제멋대로 형벌을 남용하며 아내와 아들까지 죽이고 신하를 살육하므로 백성이 몹시 고통에 빠져 도저히 살아갈 수 없습니다. 시중께서 아시다시피 관료는 물론이고 백성도 왕에게 등을 돌렸습니다. 예로부터 미련한 왕을 폐하고 명철한 임금을 세우는 것은 천하의 큰 의리입니다. 공이 은왕(중국 진나라 말기에 농민 반란 지도자로 왕위에 오름)과 무왕(중국의 상 나라를 멸망시키고 주나라를 건국한 왕)의 일을 실행해 주십시오."

반역을 꾀하자는 그 말에 왕건은 고개를 저었다.

"나는 내 자신이 충성스럽고 순진한 것을 자랑으로 여기며 살았습니다. 지금 왕이 비록 포악하지만 나는 감히 딴 마음을 품을 수 없습니다. 무릇 신하가 임금의 자리를 넘본다는 것은 반역인데 왕이 될 덕망도 없는 내가 감히 은왕과 무왕을 본받겠습니까."

"기회는 두 번 다시 오지 않습니다. 기회를 만나기는 어렵지만 놓치기는 쉬운 것인데 하늘이 주어도 받지 않으면 도리어 그 재앙을 받을 것입니다."

"지금 정치가 어지럽고 나라가 위태로워 백성이 모두 왕을 원수와 같이 증오하고 있으며 덕망이 왕공보다 나은 사람이 나라 안에 없습니다."

"더군다나 왕창근이 가져온 거울의 글로 보아서도 어찌 공손하게 앉아 기다렸다가 미친 자의 손에 죽음을 당하려

하십니까?"

왕건은 네 사람의 말을 듣고 언젠가는 궁예 손에 죽을 수도 있음을 깨달았다. 왕건이 갑옷을 입자 여러 장수들이 문을 나서는 왕건을 호위하며 외쳤다.

"왕공이 이미 정의의 깃발을 들었다! 뜻 있는 자들은 힘을 합하라!"

그러자 사람들이 앞뒤에서 달려와 왕건을 따랐으며 궁성 문밖으로 나서자 북을 치며 따르는 무리가 1만여 명이 넘었다. 왕건을 지지하는 세력은 이미 강비의 죽음을 본 뒤로 큰 위협을 느끼고 있었고, 왕건이 일어서자 앞다투어 그 뒤를 따랐다.

"어차피 어찌될지 모를 운명에 처했다. 가만히 앉아서 죽음을 맞이할 수는 없다!"

그들은 살아남기 위해 칼을 들기로 한 것이다.

반란군이 궁궐로 쳐들어오자 궁예는 옷을 바꾸어 입고 궁궐 북쪽 문을 나와 산림 속으로 도망쳤다. 이틀 밤낮을

농악대의 태평소
농악은 김매기·논매기·모심기 등의 힘든 일을 할 때 일의 능률을 올리고 피로를 덜며, 나아가서는 협동심을 불러일으키려는 데서 비롯되었다. 지금은 각종 명절이나 동제(洞祭)·걸립굿·두레굿과 같은 의식에서도 빼놓을 수 없는 요소가 되고 있다.

숨어 지내다가 배가 고픈 나머지 마을로 내려와 보리 이삭을 잘라 먹다가 그만 사람들에게 들키고 말았다.
"저기 애꾸눈 왕이 있다!"
"저 놈을 죽여라!"
순식간에 수없이 많은 사람들이 몰려들었고, 궁예는 부양 사람들 손에 살해되고 말았다.

『고려사』에는 궁예가 도망치다가 남의 논에 들어가 이삭을 잘라 먹다가 부양의 농부들에게 피살된 것으로 기록하고 있고, 『삼국사기』 경명왕 2년 기록에는 도주하다가 부하에게 피살된 것으로 되어 있다. 어느 쪽 기록이 사실인지 알 수 없지만 왕건의 무리에게 피살되었다면 부하에게 피살되었다는 기록이 옳을 수도 있다.

 궁예는 형세 판단이 빨랐다. 모든 일을 빠르게 해내는 능력도 있었고, 어떤 일이든 마음만 먹으면 반드시 해내고 마는 질긴 면도 있었다. 그런 성격 탓에 때로는 모나고 급한 행동을 거침없이 해보였고, 결국 그것이 원인이 되어 몰락의 길을 걷고 말았다.

 궁예는 고구려계 유민을 대표하는 호족 세력과 연합하여 고려를 건국하였다. 그러나 차츰 힘이 강해지자 자기 지역에서의 기득권을 유지하는 호족 세력과의 연합을 청산하고 호족들의 기득권을 인정하지 않는 중앙집권 정책을 추진하였다. 그런 과정에서 호족들의 강한 반발과 맞서야 했고, 결국 궁예는 호족의 이익을 대변하는 왕건 세력의 쿠데타에 의해 축출당하고 만 셈이 된다.

 역사서의 대부분은 승자의 기록이다. 고려 왕조는 호족들의 이익을 대변하기 위해 일으킨 왕건 세력의 쿠데타를 정당화하기 위해 궁예를 아내와 자식까지도 무참하게 죽인 폭군으로 그려냈을 수 있다.

 궁예는 국호를 고려, 마진, 태봉으로 계속 바꾸었고, 연호를 무대, 성책, 수덕만세, 정개로 바꾸었다. 그 사실을 두고도 후대의 역사가는 궁예가 출생에서 비롯된 정신불안의 결과이고 광인의 행동이라고 한다. 그러나 국호의 변경은 시의적절하고 합리적인 선택이었다. 또한 궁예가 스스로를 미륵불이라고 자처한 것도 과대망상이 아니라 당시 지배 방법의 한 형태일 수 있었다.

 육당 최남선은 철원 지방에서 채록한 전설을 통해 '궁예는 버림받은 폭군이 아니라 사랑과 존경을 받다 스스로 자결했다.'라고 쓰고 있다.

 '왕건이 궁예를 몰아낸 것은 분명 역모였다. 궁예가 고구려 중심주의를 포기하자 불안을 느낀 왕건과 고구려계 세력이 역모를 꾸민 것이다. 그러기에 역모의 명분이 약했으며, 반란의 명분을 세우기 위해 궁예의 포악함을 지나치게 부각시켰을 수 있다. 이럴 경우, 정사(正

史)는 왜곡될 가능성이 높다.'

『삼국사기』를 쓴 김부식은 '견훤전'에 '궁예, 견훤 같이 흉악한 자들이 어찌 우리 태조(왕건)에게 항거할 수 있으랴? 다만 태조를 위해 백성을 몰아다 준 자이다.'라고 끝부분을 장식했다.

김부식은 고려의 신하였다. 당연히 고려를 세운 왕건의 정당성을 부각시키고 궁예를 폭군으로 기술했을 수 있다.

그러나 안정복은 『순암집』에 '왕건은 불의로서 나라를 얻고는 황제라 칭한 부류이다.'라고 적었다.

지금도 철원에는 궁예를 그 지역을 다스린 왕으로 추앙하며 '태봉제'라는 축제를 연다. 궁예가 살았던 궁궐과 궁예 도성 터는 현재 비무장 지대 안에 있다.

경기도 포천시에 있는 명성산은 울음산이라고도 불린다. 궁예가 이 산에서 피살되었다는 설이 전해지는 산이다. 궁예의 죽음을 슬퍼하며 산새의 울음소리가 끊이지 않았다고 해서 울음산이라 불린다고 한다.

또는 궁예는 패서 호족 출신인 부인 강비를 죽인 것이 아니라 명성산으로 유배를 보냈는데, 왕건에게 쫓겨 도망다니다가 그 산에 있는 강비를 찾아갔다고도 한다. 그러나 이미 강비는 세상을 뜬 뒤였고, 나라와 아내를 모두 잃은 궁예는 그 산에서 대성통곡을 했고, 산도 궁예를 따라 울었다 해서 울음산이라고도 한다.

그것은 궁예가 왕건 무리에게 쫓겨 북쪽(부양)으로 간 것이 아니라 남쪽(포천)으로 피했을 가능성을 보여주고 있다. 그 밖에도 궁예가 왕건과 항전했다는 철원의 보개산성, 쫓겨 도망가다 길이 험해 말에서 내린 채 걸었다는 도마치봉, 왕건 군사들과 싸우다 달아났다는 패주골, 군사들이 한탄을 하며 쫓겨났다는 군탄리, 궁예가 피신했다는 명성산의 개적동굴, 궁예가 건너면서 한탄했다는 한탄강 등 수없는 전설이 궁예의 마지막을 말해주고 있을 뿐이다.

그런 전설을 종합해 볼 때 궁예는 군사들을 거느리고 쿠데타를 일으킨 왕건과 싸우다 남쪽으로 후퇴했고, 최후의 항전 장소가 명성산이었을 가능성이 높다.

경기도 안성시 삼죽면 기솔리 국사봉 정상 바로 밑에는 아직도 궁예 미륵이 남아 있는 것으로 보아 그가 단순한 폭군이 아니었음을 말해주고 있다. 왕에게 집중된 권력을 남용했을 때 비로소 폭군이라고 한다. 그러나 궁예에게는 실제로 권력이 그다지 집중되지 못했다. 궁예는 혼자서 후고구려를 일으켜 통일이라는 대업을 이루기 위해 애썼지만 미숙한 수완으로 왕건 세력에 의해 서서히 몰락의 길을 걷고 말았던 실패한 왕이었을 뿐이다.

'역사를 바꾼 인물 · 인물을 키운 역사' 기획 의도

성장기 어린이부터 청소년까지 역사는 떼려야 뗄 수가 없는 공부이다. 다른 나라 역사보다 우리 나라 역사를 더 알아야 한다는 것도 분명한 사실이다. 역사를 이끌고 가는 것은 인물이다. 역사를 이로운 길로 이끈 인물이건 나쁜 길로 이끈 인물이건 역사에서 인물이란 빼놓을 수 없는 존재다. 한 인물로 인해 역사의 흐름이 바뀌는 경우도 많고, 역사로 인해 한 인물이 탄생하는 경우도 많다. 그만큼 역사를 제대로 알려면 그 시대의 중요한 인물을 알아야 하고, 인물을 통해 역사를 읽을 수 있는 안목을 키워야 한다.

인물 이야기는 이야기 속에 그 사람 삶의 모습이 진솔하게 담겨 있어야 할 뿐만 아니라, 인간으로서의 고뇌와 절망을 극복해 나가는 모습도 모두 함께 담겨 있어야 한다. 또 그 사람의 행동은 당시 사회 상황에서 규정되기 때문에 당시의 상황 속에서 그 인물을 관찰할 수 있어야 한다.

'역사를 바꾼 인물 · 인물을 키운 역사'는 어린이는 물론이고 청소년, 그리고 일반인들까지 부담 없이 읽고 폭넓게 공감할 수 있는 내용으로 엮는 것을 최우선 방향으로 잡았다.

인물 이야기는 백과사전이 아니다. 한 사람을 역사 속에서 바라보는 것이다. 제대로 쓰인 인물 이야기가 아니면 의미가 없다. 시대와 장소를 초월해서 하늘이 내린 인물이나 신적인 존재로 그려진 그런 인물 이야기가 아니라, 인간적인 냄새가 물씬 풍기는, 제대로 쓰인 인물 이야기가 필요할 때다.

또한 역사는 결코 지난날의 이야기가 아니다. 현재는 물론이고 미래에도 언제든지 새롭게 발견되고 새롭게 해석될 가능성이 많다. 특히 우리의 역사는 오랜 세월 동안 왜곡되고 사라진 부분이 많은 만큼 연구할 부분이 많을 수밖에 없다.

또한 우리 역사의 국통을 아는 것은 단순히 과거를 아는 것이 아니다. 우리 민족이 섬겨 왔던 조물주의 창조 섭리, 인간이 어떻게 태어나고 어떻게 봄·여름·가을·겨울 살아왔느냐 하는 삶의 과정과 역사의 깊은 섭리를 아는 것이다.

그러자면 여러 가지 학설과 주장을 두루 듣고 연구해서 진실에 가까운 역사를 찾아내는 것이 무엇보다 중요하다. 또한 한 인물을 제대로 이해하려면 무엇보다 그 시대의 역사를 제대로 이해해야 하고, 역사를 이해하려면 그 시대를 움직인 인물을 제대로 이해하려는 노력이 필요하다.

붉은 독수리의 꿈
-궁예-

초판 1쇄 발행	2010년 01월 29일
글	역사·인물 편찬 위원회
펴낸이	이영애
디자인	장원석 · 김재영
책임 교열	김응정
표지 그림	박경민
사진협조	이수용 / 경상북도청 / 경상남도청 / 충청남도청 충청북도청 / 경주시청 / 위키백과 / 오픈애즈
펴낸곳	역사디딤돌
출판등록	2009년 3월 23일 제312-2009-000020
주소	서울특별시 양천구 목2동 504-17번지
전화	(070)7690-2292
팩스	(02)6280-2292
E-mail	123pen@naver.com
ISBN	978-89-93930-16-0 978-89-962557-9-6(세트)

잘못된 책은 서점에서 교환해 드립니다. 저저와 협약에 의해 인지는 생략합니다.
신저작권법에 의하여 보호를 받는 저작물이므로 무단 전재와 복제를 금합니다.